Das verborgene Wissen
der Welt

ATLANTIS

wird herausgegeben von
Dr. Hans Christian Meiser.

Über die Autorin:

Christine Kranz, geb. 1962 in Mauren im Fürstentum Liechtenstein, wurde in Atemtherapie, spirituellen Selbstheilungs-
methoden, Reinkarnationstherapie und Astrologie ausgebil-
det. Sie leitet zudem die Seminarorganisation *Symbolon AG*.
1994 prägte sie den Begriff des Integrations-Atmens. Weiter-
bildungen am C. G. Jung-Institut in Küsnacht in Analyti-
scher Psychologie und am Szondi-Institut in Zürich in
Schicksals- und Tiefenpsychologie.

Christine Kranz

Der Hauch des Lebens

Atemtherapie – Wege zur Gesundheit

BASTEI-LÜBBE-TASCHENBUCH
Band 70139

Erste Auflage: Oktober 1999

Originalausgabe
© 1999 by Bastei-Verlag Gustav H. Lübbe GmbH & Co.,
Bergisch Gladbach
Printed in Germany
Bildquellen: Sammlungen des Fürsten von Liechtenstein
(Nr. 1 + 2), Astra Draco (Nr. 10-12)
Einbandgestaltung: Wustmann & Ziegenfeuter, Dortmund
Satz: Textverarbeitung Garbe, Köln
Druck und Bindung: Ebner Ulm
ISBN 3-404-70139-9

Sie finden uns im Internet unter
http://www.luebbe.de

Der Preis dieses Bandes versteht sich einschließlich
der gesetzlichen Mehrwertsteuer.

Inhalt

Einleitung

Atmen ist eine Selbstverständlichkeit. Wir atmen ein – aus – ein – aus – …. Die Lunge füllt sich ohne unser Zutun und entleert sich wieder. Wir brauchen nicht darüber nachzudenken.

Wie wichtig das Atmen ist, wird uns meist erst dann bewußt, wenn wir Probleme damit haben. Oft genügt ein leichter Schnupfen, und das *Luft holen* wird zur Qual. Atemprobleme erschöpfen uns, wir fühlen uns energielos und schleppen uns durch den Tag. Spätestens jetzt spüren wir, wie wichtig das freie Atmen ist.

Der Atem ist die Verbindung von Geist und Materie. Er ist der Schlüssel zu inneren Räumen. Er ist die kraftvollste und zugleich sanfteste Hilfe, um im Wandel des Lebens mitzufließen.

Ich kam als Frühgeburt in der ländlichen Gegend Liechtensteins zur Welt. Als Viertgeborene wuchs ich inmitten von fünf Kindern wohlbehütet auf. Ich hatte eine schöne Kindheit und Jugend, trieb viel Sport und konnte mich mit meiner Familie und meinen Freunden gut entfalten. Mehrere Unfälle mit anschließenden Krankenhausaufenthalten prägten meine Kindheit. Ich verfügte über wenig Selbstbewußtsein, verhielt mich eher angepaßt und wurde zurückhaltend und scheu.

Mit elf Jahren entschloß ich mich, später in der Firma meiner Eltern eine Lehre als Zahntechnikerin zu beginnen. Während all meine Geschwister studierten, schloß ich die

Ausbildung ab und arbeitete sodann mit Engagement und Erfolg in der Leitung der Firma mit. Damals hatte ich das Gefühl, den weiteren Verlauf und den Auftrag meines Lebens zu kennen.

Insgesamt war ich zufrieden. Manchmal fühlte ich mich durch die vorgegebenen Strukturen und die »Härte« meines Berufes eingeengt und unfrei. Die Präzisionstechnik forderte meine ganze Konzentration. Außer zu den Mitarbeitern und Kunden hatte ich kaum menschlichen Kontakt. Trotz dieser Nachteile zweifelte ich nie an der Wahl meines Berufes.

Ausgleich verschafften mir diverse Reisen in die ganze Welt. Fremde Kulturen und Religionen faszinierten mich. Oft fragte ich mich nach dem Sinn und den Zusammenhängen des Lebens. Ich beobachtete viel und dachte nach, um Antworten zu finden.

Mit 25 Jahren kam die entscheidende Wende. Eine Freundin lernte in einem Seminar eine Atemtechnik kennen, die sie mir zeigen wollte. Auf spontane und abenteuerliche Art erfuhr ich das bewußte Atmen. Die Wirkung überraschte, faszinierte und berührte mich. Mein Körper zeigte sich mir in einer bisher nie erfahrenen Lebendigkeit. Es war für mich wie ein Wunder. Nach mehreren Sitzungen besuchte ich ein Intensiv-Wochenseminar in Österreich. Dort konnte ich vieles, was meine Geburt und Kindheit betraf, aufarbeiten. Ich nabelte mich von meiner Mutter ab und kehrte völlig verändert nach Hause zurück. Das erste Mal in meinem Leben hatte ich das Gefühl, ich selbst zu sein.

Ich erzählte meiner Mutter von meinen Erlebnissen. Wir weinten vor Freude und umarmten uns, wie ich es noch nie erlebt hatte. An diesem Nachmittag schenkte sie mir als Erinnerung an dieses Ereignis einen alten Spiegel mit einem vergoldeten Holzrahmen. Damit gab sie mir symbolisch meine eigenständige Persönlichkeit und mein Spiegelbild.

Die energetische Ablösung, die bei meiner Geburt durch die schwierigen Umstände verhindert wurde, vollzog sich jetzt rituell und in Liebe.

Nun wollte ich die beste Möglichkeit nutzen und meinen persönlichen Wachstumsprozeß fördern. Ich meldete mich für eine berufsbegleitende Atemausbildung in München an. Daß mir dieser Schritt persönlich und beruflich eine neue Zukunft eröffnen würde, hätte ich nie geahnt. Die Veränderung kam schnell, unumgänglich, wie das Selbstverständlichste auf dieser Welt. Ich folgte dem natürlichen Drang, die mir geschenkten Erfahrungen weiterzugeben und Räume zu schaffen, worin Menschen sich ihrem eigenen Ursprung nähern konnten. Inzwischen durfte ich Tausende von Sitzungen begleiten. Im Miterleben erfuhr ich einen tiefen Lern- und Wachstumsprozeß.

Seit meiner eigenen ersten Sitzung fasziniert mich das bewußte Atmen. Mit den Jahren entwickelte ich die ursprünglich erlernten Techniken in meinem Sinne weiter. Daraus entstand die Methode des Integrations-Atmens, deren Ziel es ist, den Menschen zu klären, zum eigenen ursprünglichen Sein zurückzuführen und verdrängte Persönlichkeitsanteile zu integrieren. Die Technik des bewußten Atmens ist direkt, klar und einfach: Menschen, die sich auf diesen Prozeß einlassen, öffnen innere und äußere Räume von Kraft und Lebensfreude, ein Potential, das sie nie vermutet hätten.

Dieses Buch erhebt keinen Anspruch auf Allgemeingültigkeit. Ich möchte Ihnen meine Erfahrungen und meine Begeisterung für die Dimension des Atems weitergeben. Es soll Sie als Leserin und Leser Ihrem eigenen Atem und somit sich selbst ein wenig näher bringen. Es möchte Ihnen Erkenntnisse vermitteln, die Ihr Leben erleichtern. Wenn es mir gelingt, Sie in Ihrem Atmen und in Ihrem spirituellen Sein zu berühren, freue ich mich.

Ich möchte mich bei all jenen bedanken, die es mir ermöglichten, dieses Buch zu schreiben. Im besonderen danke ich Dorothea Hartmann für ihre Mitarbeit am Manuskript. Sie hat mich engagiert und liebevoll begleitet.

In den Fallbeispielen schildern Menschen ihre Atemerfahrungen. Die Namen und persönlichen Angaben wurden geändert. An dieser Stelle möchte ich diesen Menschen und allen anderen, die ich in den vielen Jahren meiner Tätigkeit begleiten durfte, von Herzen für das Vertrauen und die Bereitschaft, sich auf das Erlebnis Atem einzulassen, danken. Sie lehrten mich unendlich Wertvolles.

Der Bewußtseinsprozeß des Atmens ist ein Lebensthema und kann nicht wie ein »Kochrezept« abgehandelt werden. Lassen Sie sich Zeit, und folgen Sie Ihrem persönlichen Tempo.

Ich wünsche Ihnen, daß auch Sie durch dieses Buch Lust bekommen, sich auf die Wunder des Atmens einzulassen.

I

Die Mythologie
und Philosophie des Atems

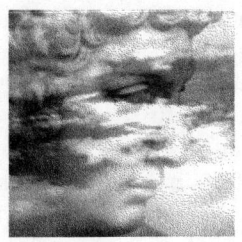

Die Schöpfung

Da formte Gott, der Herr, den Menschen aus Erde vom Ackerbo-
den und blies in seine Nase den Lebensatem.
So wurde der Mensch zu einem lebendigen Wesen.
Genesis 2,7

Dieses Bibelzitat verdeutlicht die Dimension des Atems. Das, was den Menschen zu einem lebendigen Wesen macht, ist der Atem. Er ist der Ursprung und die Quelle des Lebens.

Wir haben das Leben geschenkt bekommen. Was tun wir damit? Leben wir wirklich? Oder ist es eher ein Überleben?

Jeder Mensch hat seine Geschichte. Durch verschiedenste Erfahrungen haben wir Ausschnitte der Lebensvielfalt kennengelernt. Was immer wir erlebt haben, speichert sich in unserem Unbewußten ab. Unsere Gefühls- und Gedankenwelt ist von unserer Vergangenheit geprägt. Wir betrachten die Welt subjektiv, durch unsere persönliche *Brille der Erfahrungen.* Wir haben Werte und Vorstellungen, die wir im Laufe eines Lebens immer wieder unserem Bewußtseinsstand entsprechend korrigieren. So kann zum Beispiel etwas, das uns lieb und wert ist, durch Enttäuschung zu einem gehaßten Objekt werden. Anderseits kann sich etwas äußerst Unsympathisches in einen liebgewonnenen Teil unseres Lebens umwandeln.

Unsere Wünsche, Sehnsüchte und Träume, wie auch unsere Widerstände, Grenzen und Ängste sind das Ergebnis unserer persönlichen Welt.

In der Art des Atmens spiegelt sich unsere Persönlichkeit. Wir können synchron zu unserem inneren Fühlen und Denken die Veränderung des Atems feststellen. Haben wir Angst, so atmen wir meist oberflächlich und stockend. Sind wir glücklich, so atmen wir eher tief und voll. Der Atem ist schöpferisch. Mit seiner Hilfe können wir unsere Gefühle verändern. Wenn wir durch Angstgefühle den Atem zurücknehmen, so blockieren wir unsere Lebensenergie. Einige tiefe Atemzüge würden uns helfen, leichter mit schwierigen Situationen umzugehen.

Es ist von großem Nutzen, die Zeichen des Körpers wahrzunehmen. Verstehe ich seine Botschaft, sehe ich in direkter und einfacher Weise, wie es mir im Moment ergeht.

Unbewußt reagiert die Atmung augenblicklich auf jede Gefühlsregung. Durch bewußtes Atmen können wir Gefühlsstauungen zum Fließen bringen und dadurch freier durch das Leben gehen.

Die folgenden Kapitel geben einen Einblick in verschiedenste Themen bezüglich des Atems. Meine Ausführungen sind ein Fliegen in der Welt der Gedanken und Möglichkeiten. Nahes und Fernes berührt und inspiriert mich als ein Hauch des Lebens.

Der Spiritus

Unter dem Wort *Spiritus* finden wir im Lexikon folgende Begriffe: Luft, Atem, Lebenshauch, Geist und Seele.

Spiritus steht im Althochdeutschen für atum, Atem.

Atman ist altindisch und heißt Hauch-Seele. Das ist der den Geburtenkreislauf überdauernde Wesenskern der menschlichen Person. Im Zustand der Erlösung ist er dem welthaften Dasein entzogen und zu seinem wahren und ewigen Wesen gekommen.

Im Arabischen bedeutet *rhi* Wind und *ruh* Seele und Geist.

Im Lateinischen finden wir *spiro* für hauchen, atmen, begeistert und erfüllt sein. Dagegen *respiro* für zurückwehen, ausatmen, aufatmen, nachlassen und sich wieder erholen.

Außerdem bedeutet *spiritus* Lufthauch, Seele, Geist, Stimme, Wagemut und Selbstbewußtsein.

Den Begriff *Inspiration* verwenden wir in der deutschen Sprache für schöpferische Einfälle und erhellende Ideen: »Ich werde von einer Sache inspiriert«. Im Fremdwörterlexikon wird er mit Einatmung, Einhauchung und Erleuchtung übersetzt. Inspiration kommt vom lateinischen *inspiratio* für Eingebung und *inspiro* für hineinblasen, einhauchen, entfachen und begeistern.

Im Griechischen bedeutet *psyche* Seele, *psycho* hauchen, *psychos* kühl und *physa* Blasebalg.

Im Althochdeutschen, Lateinischen, Griechischen, Arabischen und Altindischen wird die Vorstellung von Seele also mit bewegter Luft in Verbindung gebracht.

Auf der Erde ist der Mensch das einzige Lebewesen, das bewußt atmen kann. Wir nehmen beim Atmen Seelenleben, spirituelle Energie in uns auf und wandeln sie durch unser Tun und unsere Kreativität in grobstoffliche Energie um.

Wir atmen, denken, fühlen und handeln.

Was wir erschaffen, ist das Ergebnis unseres Tuns.

Der Ursprung liegt im Spiritus.

Durch die Atmung können wir uns dieses Ursprungs wieder besinnen. Indem wir bewußt atmen, klären sich unsere Gedanken, Emotionen und Handlungen und schwingen im Einklang mit unserem Geist.

Zu oberflächliches Atmen hält uns auf der grobstofflichen, unbewußten Ebene verhaftet. Wird die Atmung befreit, vergrößert sich das Atemvolumen. Diese Bemühung ist für die Erweiterung unseres Lebensgefühls förderlich. Unternehmen wir nichts, besteht die Gefahr, daß wir immer wieder am gleichen Fleck stehen bleiben und uns immer wieder dasselbe geschieht.

Entwicklung ist Erneuerung, bedeutet das Aufgeben von gewohnten Denkschemata und Handlungsmuster. Ohne Risiko kann kaum eine wirkliche Evolution stattfinden. Sobald wir uns in Sicherheit begeben, schließen wir Entwicklung aus.

Neues ist unbekannt, macht angst. Die Reise des Helden, der Heldin ist mit Krisen und Herausforderungen verbunden. Wenn wir aktiv und mutig sind, öffnen wir uns für das Auf und Ab des Lebens. Dann ist unsere Reise reich an Erfahrungen, und wir sind erfüllt und dankbar.

Fragen Sie sich, was Sie gerne tun würden, sich jedoch nicht getrauen! Der Weg führt entlang der Angst. Ist eine Reise auch noch so klein: bereits der erste Schritt erweitert und befreit.

Hermes – Merkur

In der Mythologie wird Gott Hermes (griechisch) oder Merkur (römisch) dem Atmen zugeordnet. Sie sind einander gleichgesetzt. Hermes oder Merkur ist der Gott des Windes, der Wanderer, der Hirten und der Händler, der Kommunikation, des Vermittelns, des Glückes und der Träume. Er begleitet auch die Seelen auf dem Weg in die Unterwelt. (Abb. 1)

Der homerische *Hymnus auf Hermes* beschreibt die Anfangsgeschichte des griechischen Gottes wie folgt:

Der gewaltige Zeus zeugte bei einem Seitensprung mit der Nymphe Maia in Arkadien, in einer Höhle des Berges Kyllene, den Gott Hermes. Er kam dort zur Welt und war ein ausgesprochen frühreifes Kind, das sich noch am Tage seiner Geburt aus den Windeln befreite, eine Schildkröte tötete und aus deren Panzer seine erste Erfindung, eine Leier, baute. Am Abend stahl Hermes seinem Halbbruder Apollon fünfzig Kühe und versteckte sie. Er wurde bei seiner Tat

Abb. 1: Merkur spielt Argus auf der Flöte vor,
hinter ihm liegt der Heroldstab.
(Ausschnitt aus dem Bild *Merkur, Argus und Io*
von Abraham Bloemaert [1564-1651], Sammlungen des Fürsten
von Liechtenstein, Schloß Vaduz-FL)

beobachtet und bei Apollon verraten. Hermes hatte sich inzwischen wieder scheinheilig in seine Windeln gewickelt und gab vor, vom Diebstahl nichts zu wissen. Sein Vater Zeus stellte ihn zur Rede und schließlich gestand Hermes seine Tat. Zur Versöhnung bot Hermes dem Apollon seine Leier an. Dieser war vom Klang des Instrumentes begeistert und schenkte Hermes den magischen Stab, der als Heroldstab zu seinem festen Attribut wurde. Er diente dazu, die Menschen in Schlaf zu versetzen und wieder aufzuwecken.

Später wurde der Heroldstab das Symbol der Medizin und der heilenden Berufe. Mit den aufwärts kriechenden, sich umschlingenden Schlangen steht er als Symbol für die gegengeschlechtliche Vereinigung (Eros und Agape), die Flügel sind Symbol für das geistige Element. Wir haben ein Bild der Fruchtbarkeit vor uns, nicht im Sinne der biologischen Fortpflanzung, sondern als Verbindung des irdisch Unbewußten mit dem Überbewußten. Damit ist uns ein Symbol gegeben für das Aufgerichtetsein, für Transformation, Transzendenz und Offenbarung.

Hermes galt als *Gott des Windes*. Da dieser wegen seiner Launenhaftigkeit und Unbeständigkeit von jeher als Sinnbild des Glücks angesehen wurde, ist Hermes zu einem Gott des plötzlichen und unerwartet eintreffenden Glücks und Zufalls geworden; der Gott der Würfel und Glückslose.

Hermes war auch der Schutzpatron der Redner. Für sie war es von großem Wert, die Schlauheit des Gottes für sich zu nutzen. Von Hermes abgeleitet ist auch der Name einer heutigen Wissenschaft: die Hermeneutik. Ihr geht es um das Auslegen, Deuten, Erklären und Verstehen von Texten, Kunstwerken oder Musikstücken. Außerdem ist sie eine metaphysische Methode des Verstehens menschlichen Daseins (Existenzphilosophie).

Hermes hatte zusammen mit Aphrodite einen Sohn: Hermaphroditos. Er wurde von der Quellnymphe Salmakis leidenschaftlich geliebt. Da er ihre Liebe nicht erwiderte, bat Salmakis die Götter, ihre beiden Körper für immer zu verschmelzen. So wurde aus Hermaphroditos ein göttlicher Zwitter. Von ihm abgeleitet nennt man das Zweigeschlechtige *hermaphroditisch*.

Unter *hermetisch* verstehen wir etwas dicht Verschlossenes. Nichts kann eindringen und nichts hinausgelangen. Der Austausch ist unterbunden. Zum Beispiel kann ein Gebäude zum Schutz hermetisch abgeriegelt sein.

Hermes wird in der Mythologie auch der *Götterbote* oder der *Mundschenk der Götter* genannt. In Darstellungen sind seine Füße oft mit Flügeln verziert. Seine Aufgabe ist es, zwischen Göttern und Menschen vermittelnd zu wirken und für einen fließenden Austausch zu sorgen.

In diesem vermittelnden Sinne wird auch der griechische Liebesgott *Eros*, lateinisch *Amor*, seit dem 4. Jh. v. Chr. als geflügelter Engel mit den Pfeilen dargestellt.

Er ist der Sohn der *Aphrodite* (Göttin der Schönheit) und des *Ares* (Kriegsgott). Indem er uns mit dem *Pfeil der Liebe* mitten ins Herz trifft, schickt er uns *himmlische Gefühle*, die uns zutiefst berühren und herausfordern. Eros vermittelt zwischen Sterblichen und Unsterblichen und ist im Sinne eines Dolmetschers, der die himmlische und irdische Sprache beherrscht, ein Bote zwischen Göttern und Menschen. In seinem Wesen ist er weder sterblich noch unsterblich. Stirbt er, wird er sogleich wiedergeboren.

Diese Wandelbarkeit sehen wir symbolisch im Gemälde *Amor mit Seifenblase* von Rembrandt (Abb. 2). Amor hält dort eine Muschel mit einer Seifenblase in der Hand. Er hält im Blasen inne, und wendet uns seinen Blick zu. Wir fühlen uns beobachtet, und doch geht der hellwache Blick zugleich und kaum merklich nach innen, in die Welt der Gedanken. Dem Knaben erwächst die Einsicht, daß die Liebe, analog zur Seifenblase, zerbrechlich und vergänglich ist. Amors besinn-

Abb. 2: Der Liebesgott Amor hält inne.
(*Amor mit Seifenblase* von Rembrandt Harmensz. van Rijn
[1606-1669], Sammlungen des Fürsten
von Liechtenstein, Schloß Vaduz-FL)

liche Pause wird rasch verfliegen. Sogleich wird sich der
kleine Liebesgott mit seinen Flügeln in die Lüfte emporhe-
ben und seine zahlreichen Pfeile mitten in die Herzen der
Menschen schießen.

In der Alchimie wird Mercurius unter anderem als *Queck-silber*, *Lebenswasser* und *Unsichtbares, im geheimen wirkendes Feuer* bezeichnet. Er ist eine Doppelnatur und ist gleicher-maßen im Guten wie im Bösen zu Hause.

Der Paracelsusschüler Penutus (16. Jh.) sagt über ihn: *»Er ist nichts anderes als der in der Erde körperlich gemachte Geist«.*

Als Planet ist Merkur der kleinste und der der Sonne am nächsten stehende. Er bewegt sich in einer exzentrischen, elliptischen Bahn in einem mittleren Abstand von 56 Millio-nen Kilometer um die Sonne. Die Temperaturen werden mit plus 350 °C Tagseite und minus 200 °C Nachtseite angegeben. In diesen extremen Temperaturschwankungen besteht auch auf planetarischer Ebene die Verbindung der Gegensätze.

Die Doppelnatur des Merkurs finden wir außerdem in seiner Zugehörigkeit zum Sternzeichen des Zwillings. Dort steht er als Symbol für Kommunikation, Vermittlung und Handel, während seine Nachtseite Lügen, Betrug, Ober-flächlichkeit und Selbsttäuschung beinhaltet.

Unter anderem sind Merkur die Atmungsorgane zu-geordnet. So weist flaches Atmen auf die mangelnde Be-reitschaft hin, den Informationsfluß innerhalb unseres viel-schichtigen Energienetzes aufrechtzuerhalten. Mit zuneh-mender Verflachung schwindet letztendlich die Lebendig-keit. Aus der vertieften Atmung entspringt das Bedürfnis, sich innerhalb des polaren Spannungsfeldes zu bewegen.

Durch tiefes, bewußtes Atmen beleben wir den »Götter-boten Hermes« und kommen mit unseren verschiedenen Persönlichkeitsanteilen in Kontakt. Das Leben wird leben-diger und reicher an Erfahrungen. Wir lernen Probleme und Schwächen zu integrieren, brachliegende Potentiale zu akti-vieren und werden dadurch ehrlicher und authentischer.

Lassen wir uns vom Zauberstab des Hermes berühren, so haben wir die Chance, seine erweckende Kraft als eine in-spirierende, glückbringende Erneuerung zu erleben.

Das Märchen

Du murmelst so, mein Fluß, warum?
Du trägst seit alten Tagen
ein seltsam Märchen mit dir um
und mühst dich, es zu sagen;
du eilst so sehr und läufst so sehr,
als müßtest du im Land umher,
man weiß nicht wen, drum fragen.
Eduard Mörike

Das Murmeln des fließenden Wassers erzählt Mörike ein *seltsam Märchen* aus alten Tagen. Durch ihre Bild- und Symbolsprache sind Märchen und auch Träume geheimnisvoll und verschlüsselt. Goethe nennt die Märchen eine *uralte Gegenwart.* Verweilt man in ihrer *seltsamen* Welt, beginnen ihre Bilder zu sprechen und können uns wertvolle Botschaften vermitteln. Mit ihrem glücklichen Ende kräftigen sie unser Vertrauen in das Gute und schenken uns Mut fürs Leben. Sie machen deutlich, daß Helden und Heldinnen nicht daheim im warmen Stübchen vom Glück ereilt werden. Sie müssen sich auf den Weg machen und loswandern. Sie müssen sich aus der Herde lösen und das Alleinsein ertragen. Im Unterwegssein sind sie allen Begegnungen aufgeschlossen, wandeln und entwickeln sich, bis sie der Krone würdig sind.

Der Geist in der Flasche

Das Märchen *Der Geist in der Flasche* wurde von den Brüdern Grimm aufgezeichnet. Es steht im Zusammenhang mit Merkur und dem Atem und lautet so:

Es war einmal ein armer Holzhacker, der seinen einzigen Sohn studieren lassen wollte. Das Geld reichte aber nicht aus, und der Sohn konnte sein Studium nicht abschließen. Er mußte zu seinem

Vater zurückkehren und ihm bei der Arbeit im Walde helfen. Einmal kam er während der Mittagsrast zu einer alten, mächtigen Eiche und hörte eine Stimme, die aus dem Boden rief: »Laß mich heraus, laß mich heraus!« Er grub nach und fand in den Wurzeln des Baumes eine verschlossene Flasche, aus der offenbar die Stimme gekommen war. Er zog den Pfropfen, da fuhr ein Geist heraus, der sich schnell vergrößerte und sprach: »Ich war zur Strafe eingeschlossen. Ich bin der großmächtige Mercurius. Wer mich losläßt, dem breche ich den Hals.« Der junge Mann ersann eine List und sagte: »Jeder kann behaupten, er sei in der Flasche gewesen. Daß du drin gewesen bist, mußt du mir erst beweisen!« Hochmütig erwiderte der Geist: »Das ist eine geringe Kunst«, zog sich zusammen und kroch in die Flasche zurück. Der Schüler drückte den Pfropfen auf die Flasche und warf sie unter die Eichwurzeln zurück. Lange bettelte der Geist und versprach dem Schüler eine Belohnung, wenn er ihn wieder freilasse. Endlich öffnete der Schüler wieder die Flasche, der Geist stieg heraus und gab dem Schüler einen kleinen Lappen und sagte: »Wenn du mit dem einen Ende eine Wunde bestreichst, so heilt sie, und wenn du mit dem anderen Ende Stahl und Eisen bestreichst, wird es in Silber verwandelt.« Der Schüler bestrich die Axt mit dem Tuch und sofort war das Eisen in Silber verwandelt. Er konnte sie für viele Taler verkaufen. Jetzt waren Vater und Sohn reiche Leute. Der Sohn konnte sein Studium abschließen und wurde durch die Heilkraft des Lappens der berühmteste Doktor auf der ganzen Welt.

Einige Gedanken zur Deutung:

Der Wald ist ein dunkler, undurchsichtiger Ort und steht für das Unbekannte und Geheimnisvolle. Die alte, mächtige Eiche, als der König des Waldes, verkörpert die Ganzwerdung. Sie ist sinnbildlich als das Ziel der Selbstverwirklichung dargestellt. Ihre Wurzeln stehen für Körperliches, Verborgenes, Herkunft, Erbanlagen und Ahnenstrom. Der Held des Märchens, der Sohn, ist sich seiner individuellen

Wirklichkeit noch nicht bewußt, sein Potential schläft. Er ist auf der Suche nach der Verwirklichung seines Lebenstraumes. Der Geist in der Flasche, *die merkuriale Essenz*, steht für den psychischen Reifungs- und Wandlungsprozeß. Aufgabe des Geistes ist es, die Menschen zu berühren und sie für das Leben in der Polarität aufzuwecken. Er hat eine *teuflische* Funktion. Kommt man mit ihm in Verbindung, entsteht ein Entwicklungs- und Transformationsprozeß, der Menschen mit ihrer Lebensbestimmung in Kontakt bringt. Das *Teuflische* wird in der Flasche gefangen gehalten, bis der Mensch bereit ist, der Stimme des Geistes Gehör zu schenken. Ist der Mensch reif für die Integration seines Schattens, kann er den Geist freilassen. Die Morddrohung ist eine Konfrontation mit dem *Bösen*, eine Prüfung, die der Junge besteht. Somit vollzieht sich die Transformation ins Erwachsenenalter. Er erhält die Mittel für sein Studium, damit er seine Berufung als Heiler verwirklichen kann. Merkurs Aspekte, *der in der Erde körperlich gemachte Geist* und *die Doppelnatur im Guten wie im Bösen,* kommen durch dieses Märchen bildhaft zum Ausdruck.

Die Gnade

Im Atemholen sind zweierlei Gnaden:
Die Luft einziehen, sich ihrer wieder entladen;
Jenes bedrängt, dieses erfrischt;
So wunderbar ist das Leben gemischt.
Du danke Gott, wenn er dich preßt,
und dank ihm, wenn er dich wieder entläßt.
Johann Wolfgang von Goethe

Dieses Gedicht zeigt, wie lebendig und abwechslungsreich es ist, in der Polarität zu leben. Es ist eine Gnade, daß wir sein dürfen. Unsere Existenz gibt uns unendliche Möglichkeiten, am Leben teilzunehmen. Als Herausforderung, ohne Anfang und Ende, als unbeschränktes Abenteuer, wird jeder Mensch in seinem ganz persönlichen Erleben mit Schönem wie mit Unangenehmem konfrontiert. Schaffen wir es nicht, mit der Fülle und Begrenztheit des Lebens umzugehen, erstarren wir, sind *gepreßt*. Meist erleichtert das Erspüren der Lebensaufgabe, Krisen als Herausforderungen und Wachstumschancen zu sehen. Hilfreich ist, die Lebensaufgabe zu kennen und ihr zu folgen. Wenn wir uns immer wieder in Formen und Zwänge hineindrücken lassen, lohnt es sich zu überprüfen, welche dieser Anpassungen nötig sind, und wo wir etwas verändern können. Seien Sie nicht durch eigene oder Ängste anderer entmutigt. Beginnen Sie dort, wo es am leichtesten ist. Nehmen Sie sich nicht zu große Schritte vor, sondern freuen Sie sich, wenn Sie kleine Ziele erreicht haben und schöpfen Sie Mut. Sie werden staunen, in welch kurzer Zeit Unmögliches möglich wird.

Das Geheimnis

In Wirklichkeit steckt
das ganze Geheimnis des Lebens in der Atmung.
Omraam Mikjaël Aïvanhov

Die Mysterien des Lebens sind in uns verborgen. In jeder Zelle ist das ganze Wissen der Evolution gespeichert. Immer schon haben Mystiker, Philosophen, Wissenschaftler und Forscher versucht, dieses Wissen zu entschlüsseln. Wir denken und schreiben viel über das Leben und versuchen es mit dem Intellekt zu verstehen. Der Atem ist der Schlüssel zu unserer inneren Weisheit. Für die östlichen Gelehrten ist das tägliche Praktizieren von Atemübungen eine Selbstverständlichkeit. Sie kennen deren Auswirkung auf den Körper und sind sich bewußt, daß der Geist sich dadurch erweitert. Wir im Westen wissen viel zu wenig darüber. Wir wollen diese einfache Möglichkeit nicht wahrhaben, weil sie nicht in unsere Konzepte von Technik, Fortschritt und Kommerz paßt. Mit Atmen ist kein Geschäft zu machen. Würden wir ahnen, welche Erkenntnisse und Dimensionen in der Atmung liegen, würden wir nichts lieber tun, als danach zu streben.

Der Strom

Das Wesen der Luft steht unserer Seele so nahe,
daß man fast sagen möchte: Wir selbst sind der Strom
der Ein- und Ausatmung.
Wir selbst leben im Atemstrom, und sein Unterbrechen
bedeutet das Auseinanderreißen des Körperlich-Leiblichen
mit dem Geistig-Seelischen.
Otto J. Hartmann

Wir selbst sind der Strom des Lebens. Wir sind die göttliche Schöpfung, das unendliche Wissen und die Verkörperung des Lebens. Unser *Nicht-im-Fluß-Sein* verhindert den Zugang zur göttlichen, weisen Quelle. Wir selbst haben unser Flußbett mit Steinen und Morast verstopft. Der Fluß wird krank, das biologische System kippt. Schaffen wir es, Stauungen zu lösen und Grenzen zu erweitern, so fließt das Wasser des Lebens wieder ungehindert und frei. Durch tiefes, bewußtes Atmen befreien wir unseren Lebensstrom. Wir reinigen ihn von nichtintegrierten, alten Erfahrungen und dringen zu unserem wahren, spirituellen Sein vor.

Die Erde

Lehrt Eure Kinder, was wir unsere Kinder lehren:
Die Erde ist unsere Mutter. Was die Erde befällt,
befällt auch die Söhne der Erde. Wenn Menschen auf die
Erde spucken, bespeien sie sich selbst. Denn das wissen wir,
die Erde gehört nicht den Menschen, der Mensch gehört zur Erde.
Das wissen wir. Alles ist miteinander verbunden,
wie das Blut, das eine Familie vereint. Alles ist verbunden.
Was die Erde befällt, befällt auch die Söhne der Erde.
Häuptling Seattle

Die Indianer verstanden es, in vorbildlicher Art und Weise die Erde als lebendes Wesen wahrzunehmen, achtsam mit ihr umzugehen und in Einklang mit ihr zu leben. Der Zustand der Erde ist ein getreues Abbild der kollektiven Haltung. Unser Bewußtsein spiegelt sich in der Natur wider. Die vier Elemente der Erde entsprechen den Funktionen unseres Körpers und den verschiedenen Ebenen des Menschen. (s. Tab. 1).

Tab. 1: Die vier Elemente der Erde entsprechen den Funktionen des menschlichen Körpers und den verschiedenen Ebenen.

Element	Erde	Körper	Ebene
Erde	Steine	Knochen, Zähne	Materie
Feuer	Vulkane	Herz, Blut	Handlung
Wasser	Meere, Seen, Flüsse	Lymphe, Wasserhaushalt	Gefühle
Luft	Erdatmosphäre, Wind	Atmung, Nerven	Gedanken, Geist

Die Bäume sind die Lungen der Erde. Der Stamm entspricht der Luftröhre, die Äste den Bronchien, die Blätter den Lungenbläschen. Kohlendioxid wird von den Pflanzen aufgenommen und Sauerstoff abgegeben. Die Atmung des Menschen funktioniert umgekehrt. Die Erhaltung der Bäume und Pflanzen ist für das Leben existentiell. Mit dem Roden der Regenwälder töten wir die Lunge dieses Planeten und seine und unsere Lebensgrundlage.

Betrachten wir die Atmung als spirituellen Vorgang, so erkennen wir die materialistische Haltung der Menschheit. Für Profit und Macht wird wirkliche Lebensqualität und Spiritualität geopfert. Wir nehmen der Erde den Atem, analog dazu stumpft das Bewußtsein auf diesem Planeten ab. Die Erde ist ein lebendiger Organismus. Was auf der anderen Seite der Erde geschieht, hat mit uns zu tun. Die Gesetzmäßigkeit *wie innen, so außen – wie oben, so unten* wird hier oft in tragischer Weise sichtbar. Zur Rettung der Natur darf die Rendite kein Argument sein. Wir müssen alles nur Erdenkliche unternehmen, um unsere Vergehen wieder gut zu machen. Um ein ganzheitliches Verständnis zu erlangen, ist es unumgänglich, diese Zusammenhänge zu erkennen und ihnen Rechnung zu tragen. Der Umweltschutz ist nur ein Teil der Lösung. Es ist nötig, nicht auf der Ebene der Symptom-Bekämpfung hängenzubleiben. Um langfristig globale Veränderungen zu bewirken und kommende Generationen vor einem Kollaps des Ökologie-Systems zu bewahren, muß jeder einzelne bei sich selbst mit der Reinigung des Körpers, der Gefühle und der Gedanken beginnen.

Die Chancen

1. Ehrliche Auseinandersetzung mit sich selbst
2. Umfassendes Verantwortungsbewußtsein für sich und das Umfeld

3. Ökologischer und ökonomischer Umgang mit persönlichen und globalen Ressourcen
4. Visionäre Betrachtung der persönlichen und der die Generationen überschreitenden Zukunft.

Werden diese Punkte von möglichst vielen Menschen angestrebt, so sind optimale Voraussetzungen gegeben, um eine zeitgemäße, realistische Umweltpolitik im Dienste der Evolution umzusetzen.

Die Zeit

Doch wenn ihr in eurem Denken die Zeit in Jahreszeiten messen müßt, laßt eine jede Jahreszeit all die anderen umfassen, und laßt das Heute die Vergangenheit mit Erinnerungen umschlingen und die Zukunft mit Sehnsucht.
Kahlil Gibran

Was ist Zeit? Illusion oder Wirklichkeit? Zeit existiert in Wirklichkeit nicht als Absolutes, sondern ist immer nur im Kontext mit dem Raum zu sehen. Wir leben in der Relativität des Raum-Zeit-Gefüges. Unsere Entwicklung bestimmt den individuellen Zugang in dieses Gefüge. Entwickeln wir uns, verändert sich unser Zeiterlebnis. Wir brauchen Zeit und Raum, damit uns das Leben erlebbar und greifbar ist. In der geistigen Welt besteht eine andere Existenzform. In den heiligen indischen Schriften heißt es:

Gott hat das Universum erschaffen, indem er ausgeatmet hat. Mit dem Einatmen wird er es wieder auflösen. Danach wird Gott wieder ausatmen, und es entsteht eine weitere Schöpfung. So dauert also ein Atemzug Gottes viele Milliarden von Jahren.

Wir Menschen sind ein Teil dieser Schöpfung. Auch wir atmen. Mit jedem Atemzug sind wir schöpferisch. Das, was wir mit dem Ausatmen von uns geben, kommt mit dem Einatmen wieder in uns zurück. Wir kreieren also nicht nur unser Umfeld, sondern vor allem uns selbst. Wir sind das Ergebnis unserer eigenen Schöpfung, tragen alle gemachten Erfahrungen als Teile unserer Persönlichkeit in uns. Diese Erfahrungen sind unauslöschlich in unserem Seelenleben verankert.

Die Seelenwanderung

Des Menschen Seele
Gleicht dem Wasser:
Vom Himmel kommt es,
Und wieder nieder
Zur Erde muß es,
Ewig wechselnd.

Wind ist der Welle
Lieblicher Buhler;
Wind mischt vom Grund aus
Schäumende Wogen.

Seele des Menschen,
Wie gleichst du dem Wasser!
Schicksal des Menschen,
Wie gleichst du dem Wind!
Johann Wolfgang von Goethe

Warum sind manche Menschen krank, leiden, sterben früh? Warum haben andere ein langes, erfülltes Leben? Ansatzweise kann die Lehre der Wiedergeburt (Reinkarnation) darauf Antwort geben.

Der Reinkarnationsgedanke besagt: Wir sind das Ergebnis all unserer vorangegangenen Leben. Bei unserem Tod tritt die Seele aus dem Körper und nimmt die Erfahrungen des Lebens mit. In einer Rückschau sehen wir, wie wir gelebt und wo wir nach kosmischen Gesetzen gefehlt haben. In der geistigen Welt werden wir unterrichtet. Wir tauchen in die Weltenseele ein und sind heimisch im All-Eins-Sein.

Sobald es Zeit ist, verlassen wir diesen Zustand und verbinden uns mit entsprechenden Seelenanteilen. Wir bereiten uns auf einen neuen Zyklus auf der Erde oder an einem anderen Platz vor. Dabei verabreden wir uns mit anderen Seelen und wählen Situationen aus, die für unser momentanes Entwicklungsniveau die idealsten Lernchancen beinhalten. Unser Entwicklungsniveau richtet sich nach unserem Karma. Das ist das, womit wir uns identifizieren und was wir in vergangenen Leben in Haß und Ablehnung oder in gebundener Liebe und Begierde zurückgelassen haben. Unsere Schulden müssen wir im Laufe unserer Seelenwanderungen erleben, erleiden und einlösen. Herausforderungen, Probleme mit Menschen und unser Schicksal sind Chancen, die wir wahrnehmen können. Sie geben uns die Möglichkeit, mehr Verständnis zu erlangen und uns aus dem Rad der Wiedergeburt zu befreien. Sind Angst und Widerstand größer als die Sehnsucht nach Wahrheit, verfangen wir uns in noch größeren Verstrickungen.

Es liegt an uns, die uns gebotenen Chancen zur Aufarbeitung zu nutzen und dadurch den Weg in die Freiheit zu finden.

II

Die Bedeutung des Atems

Die Polarität

Das Nachgiebige überwindet das Starre.
Das Nichtsichtbare durchdringt das Sichtbare.
So wird das Tätige des Nicht-Tuns ersichtlich.
Aussagen ohne Worte / Auswirken ohne Tun
Wenigen gelingt es.
Laotse

Das Atmen ist ein bipolarer Vorgang. Ein- und Ausatmen
wechseln sich ab. Dank dieser Polarität haben wir die Möglichkeit, Erfahrungen zu machen und zu lernen. Das Leben
auf dieser Erde ist in die Gesetzmäßigkeit der Polarität eingebunden. Wir können sie nicht umgehen. Ohne Plus gibt
es kein Minus und ohne Minus kein Plus. Mit Gegensätzen
umzugehen, ist die Aufgabe des Menschen. Diese Aufgabe
bereitet uns oft Schwierigkeiten. Wir haben verständlicher-
weise die Tendenz, Unangenehmes auszuschließen und zu
verdrängen. Der Tod wird tabuisiert. Behinderte, Betagte
und Kranke bilden meist Randgruppen. Unser Verhalten
spiegelt Hilflosigkeit wider. Wir haben Angst vor Leid und
verdrängen, solange nur irgendwie möglich, die unangeneh-
men Seiten des Lebens. Dadurch entsteht eine *Wegmachge-*
sellschaft, die Schwächen werden vertuscht und kompensiert.
Wenn wir versuchen, einem perfekten *Idealbild* zu entsprechen, verpassen wir es, die wirklichen Bedürfnisse wahrzunehmen und zu leben. Wir sind zu sehr beschäftigt *gut* und
gefällig zu sein. Dabei sehnen wir uns nach Liebe und Anerkennung. Das globale Geschehen bringt unsere *heile Welt* ins
Wanken. Wir werden durch die Nachrichten mit Hungers-
nöten, Kriegen, Katastrophen und Umweltproblemen konfrontiert. Die meisten von uns wissen, daß dieses Leid, auch
wenn wir nicht direkt davon betroffen sind, etwas mit uns zu
tun hat. Die Erde als Ganzes verkörpert eine Einheit. Lebt

ein Erdteil in Verschwendung, hungert ein anderer. Das sind die Gesetzmäßigkeiten der Polarität, die sich in der Atmung zeigt:

Einatmen – Ausatmen

Spannung – *Entspannung*
Empfangen – *Loslassen*
Nehmen – *Geben*
Heben – *Senken*
Leben – *Sterben*
Geburt – *Tod*
Trennen – *Verbinden*
Männlich – *Weiblich*
Yang – *Yin*
Plus – *Minus*
Positiv – *Negativ*
Sonne – *Mond*
Hell – *Dunkel*
Tag – *Nacht*
Ja – *Nein*

Kaum ein Mensch lebt im Ausgleich dieser Pole. Wir sind geprägt von Erfahrungen aus unserer Vergangenheit und haben gelernt, uns zusammenzureißen, zurückzunehmen und zu kompensieren. Vielfach leben wir in einer angespannten Haltung, ohne uns dessen bewußt zu sein. Stehen wir mit einem inneren Anteil in Konflikt, entsteht eine Störung, die sich in Problemen und Beschwerden psychischer und körperlicher Art zeigt. Das Atmen gibt uns die Möglichkeit, abgespaltene Persönlichkeitsanteile in ihrer Polarität zu integrieren. Gelingt es uns, in diesen Herausforderungen flexibel zu sein, so sind wir frei und können unser Leben mit mehr Leichtigkeit meistern. Die Art unseres Atmens zeigt uns, wo wir nicht weiter kommen oder Bereiche aus unserem Leben ausschließen. Fließendes Atmen ermöglicht uns ein fließendes Leben.

Das Atemmuster

So wie ich atme, bin ich.
Christine Kranz

Das Atemmuster ist die Art und Weise, wie wir ein- und ausatmen. Daran können wir erkennen, *wie* wir sind. Mein Atemmuster entspricht meiner momentanen Verfassung; meinem Lebensmuster.

Folgende Übung soll Sie mit Ihrem Atemmuster in Kontakt bringen. Jeder Schritt führt Sie tiefer und eröffnet Ihnen einen weiteren Bereich Ihrer Atmung.

Erster Schritt

Legen Sie sich auf den Rücken oder setzen Sie sich bequem hin. Atmen Sie ganz normal weiter und beobachten Sie das Ein- und Ausatmen:

- Welcher Teil des Atemzuges ist länger, die Einatmung oder die Ausatmung?
- Wo verwenden Sie mehr Kraft?
- Fällt Ihnen das Ein- oder das Ausatmen leichter?
- Spüren Sie an einer bestimmten Stelle des Atemzuges ein Stocken oder Zögern?
- Wie fühlt sich die Auf- und Abwärtsbewegung des Körpers an?

- Fühlen Sie irgendwo Druck oder Enge?
- Welche Empfindungen haben Sie während des Atmens?
- Beobachten Sie ganz bewußt, was in Ihrem Körper vorgeht.

Zweiter Schritt

Atmen Sie nun tiefer.

Beobachten Sie, wie beim ersten Schritt, Ihren Atem, und stellen Sie sich dieselben Fragen.

Gehen Sie mit Ihrem Bewußtsein in sich und beobachten Sie Ihre *Gedanken:*

- Welcher Art sind Ihre Gedanken?
- Können Sie sich damit identifizieren?

Nehmen Sie nun Ihre *Gefühle* wahr, indem Sie Ihr Bewußtsein in Ihren Brustkorb und in Ihr Herz lenken:

- Was spüren Sie?
- Welche Beziehung haben Sie zu Ihren Gefühlen?

Dritter Schritt

Atmen Sie so tief wie möglich ein und aus.

Achten Sie dabei nicht auf eine bestimmte Atemtechnik, sondern versuchen Sie einfach, die Lungen so stark wie möglich zu füllen und dann wieder zu entleeren.

Beobachten Sie genau, wie in den vorhergehenden beiden Schritten, Ihren Atem, Ihren Körper, Ihre Gedanken und Ihre Gefühle, und beantworten Sie sich die oben gestellten Fragen.

Bevor Sie nun weiterlesen, empfehle ich Ihnen die Durchführung dieser Übung. Sollte dies nicht möglich sein, überspringen Sie dieses Kapitel und holen Sie es später nach.

Nun gehe ich auf die Bedeutung des Atemmusters ein. Dabei ist es wichtig, daß Sie dies nur als Impuls und mögliche Erklärung verstehen. Das Deuten des momentanen Lebensmusters anhand des Atems ist sehr individuell und kann nur im direkten Kontakt mit dem Menschen und in Kenntnis der jeweiligen Umstände durchgeführt werden. Es bedingt eine ganzheitliche Betrachtungsweise, die nicht wertet. Sie sollten meine Erläuterungen in Ihre eigene Sprache übersetzen.

Im vorhergehenden Kapitel *Polarität* finden Sie die Liste der Prinzipien von Ein- und Ausatmen. Das Einatmen steht für Spannung, Empfangen, Nehmen ..., das Ausatmen für Entspannung, Loslassen, Geben ... Nun können Sie diese Prinzipien auf Ihr Atemmuster übertragen.

1. Beispiel: Die Einatmung ist kurz, schnell und heftig, mit einem kurzen Stocken im zweiten Drittel, dann folgt eine Pause und der Atem wird eher schwer und abfallend losgelassen (s. Abb. 3).

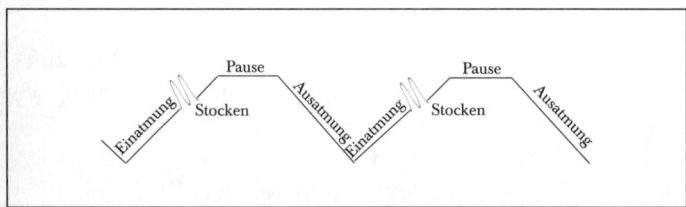

Abb. 3: Die Atemkurve einer Person, die kurz, schnell und heftig, mit einem kurzen Stocken im zweiten Drittel einatmet. Dann folgt eine Pause und der Atem wird eher schwer und abfallend losgelassen.

Übersetzt würde das bedeuten: Diese Person lebt eher hektisch, gestreßt, versucht möglichst schnell und möglichst viel aus sich und dem Leben herauszuholen. Sie gibt sich bei anzeigender Erschöpfung immer wieder einen Ruck, um noch mehr zu leisten und versucht, das Erreichte festzuhalten. Die Tendenz besteht, die Mitmenschen zu überfahren und in die eigene Vorstellung hineinzudrücken. Das Loslassen fällt dieser Person schwer, weil sie mit der Befürchtung lebt, Geschaffenes könnte verloren gehen.

2. Beispiel: Jemand empfindet Druck auf dem Brustkorb, atmet wenig, kaum merklich und zaghaft ein, macht keine Pause und atmet mit Kraft und Schwung aus (s. Abb. 4).

Diese Person ist zurückhaltend und nimmt sich für ihr Leben gerade soviel, wie sie unbedingt braucht. Sie hat ihre persönliche Stellung im Leben nicht gefunden und hält die eigenen Gefühle zurück. Ohne lange nachzudenken gibt sie sehr viel von sich. Die Tendenz ist, daß sie ausgenutzt wird oder sich für andere aufopfert. Sie geht immer wieder an den Rand ihrer Möglichkeiten und beutet sich aus.

Versuchen Sie nun, in diesem Sinne Ihr persönliches Atemmuster zu analysieren. Vielleicht hilft es Ihnen, wenn Sie Ihre Atemkurve auf ein Blatt zeichnen. Mir geht es dabei nicht

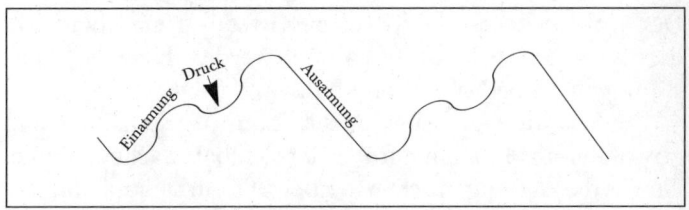

Abb. 4: Die Atemkurve einer Person, die Druck auf dem Brustkorb empfindet, sie atmet wenig, kaum merklich und zaghaft ein, macht keine Pause und atmet mit Kraft und Schwung aus.

darum, jemanden in ein psychologisches Raster zu pressen, sondern um die Bewußtwerdung des eigenen, momentanen Musters. Dieses kann je nach Lebenssituation oder Stimmung drastisch wechseln. Haben wir Angst oder intensive Gefühle wie Trauer oder Freude, können wir diese Phasen nicht mit dem eigentlichen Atemmuster vergleichen, da der Atem stets das augenblickliche Erleben anzeigt.

Der Atemrhythmus – Der Atemzyklus

Und so lange Du das nicht hast,
Dieses: stirb und werde!
Bist Du nur ein trüber Gast
Auf der dunklen Erde.
Johann Wolfgang von Goethe

Das Leben ist Rhythmus. Die ganze Erde unterliegt verschiedenen Rhythmen. Tag und Nacht, hell und dunkel, Geburt und Tod … Ein Prinzip bedingt und braucht das andere.

Diese Rhythmen sind eingebunden in Zyklen. Die vier Jahreszeiten, die Lebenszyklen des Menschen, der Menstruationszyklus der Frau … Der menschliche Organismus unterliegt ebenfalls verschiedenen Rhythmen und Zyklen. Der wohl bekannteste Rhythmus ist der Herzschlag. Da das Herz das zentrale Organ ist, werden Herzrhythmusstörungen als bedrohlich empfunden.

Ein gestörter Atemrhythmus fällt uns dagegen kaum auf, obwohl er uns Probleme frühzeitig sichtbar machen könnte. Da wir die Atmung durch unser Bewußtsein steuern können, ist es uns mit seiner Hilfe möglich, uns zu reinigen und zu klären. Würden wir frei und fließend atmen, befände sich unser Leben in der Einheit von Körper, Geist und Seele (s. Abb. 5).

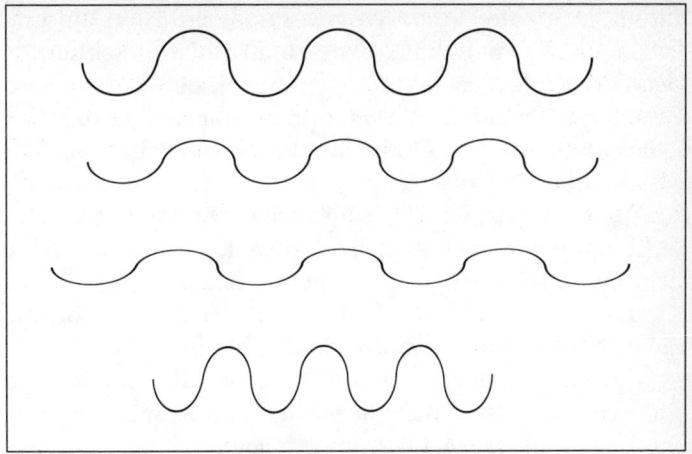

**Abb. 5: Vier verschiedene Atemkurven von Personen,
die frei und fließend atmen.**

Ist ein Atemrhythmus gestört, besteht eine tiefere Ursache. Die Erfahrungen aus der Vergangenheit werden im Unbewußten und somit im Körperlichen abgespeichert und prägen unseren Atem, unsere Gefühle, unser Denken, unsere Handlungen, unsere Grenzen, unser Leben und unser Schicksal.

Das Atemvolumen

*Wer tief atmet, ernährt sich wirklich; die anderen hingegen,
die nur oberflächlich atmen, erhalten sich gerade am Leben,
sie ernähren sich überhaupt nicht.*
Omraan Mikhaël Aïvanhov

Machen Sie als nächstes folgenden Test: Nehmen Sie einen Plastikbeutel von etwa 10 Liter Volumen. Atmen Sie in

41

Ihrem gewohnten Atemrythmus durch die Nase ein und lassen Sie die Ausatmung ohne zusätzlichen Druck in den Beutel hineinfließen. Wiederholen Sie dies öfters, ohne den Beutel vom Mund abzusetzen und beobachten Sie Ihr normales Atemvolumen. Lassen Sie nun die ganze Luft aus dem Beutel heraus.

Atmen Sie jetzt so tief wie möglich ein und blasen Sie diese Luft in den Beutel. Achten Sie darauf, daß Sie die Lunge dabei soweit wie möglich entleeren. Halten Sie den Beutel zu und betrachten Sie das Ergebnis. Stellen Sie sich vor, wie dieses Volumen in Ihrem Brustkorb Platz findet.

Vergleichen Sie den tiefen Atemzug mit Ihrem normalen Atemvolumen. Ist es nicht beeindruckend zu sehen, wieviel wir nutzen und wieviel wir zur Verfügung haben?

Bei normaler Atmung beträgt das Atemvolumen einer Frau ca. 0,5 Liter und das eines Mannes ca. 0,8 Liter. Abhängig von körperlicher Belastung oder Sauerstoffbedarf atmet der Mensch zwischen 10 und 33 mal pro Minute (s. Tab. 2).

Bei maximaler Ausatmung bleibt in der Lunge noch ca. 1,2 Liter Restluft. Das Reservevolumen, das in der normalen Ausatmung nicht genützt wird, beträgt etwa 1 Liter. Bei einem möglichst tiefen Atemzug nützt der Mensch das Vitalvolumen zwischen 2 bis 3 Litern. Atmet der Mensch

Tab. 2: Atemzüge und -volumen des Mannes

	pro Atemzug	pro Minute	pro Stunde	pro Tag
Atemzüge	1	18	1.080	25.920
Volumen	0,8 Liter	14,4 Liter	864 Liter	20.736 Liter

nach der tiefstmöglichen Ausatmung maximal ein, ergibt die Summe von Reservevolumen, normalem Atemvolumen und Vitalvolumen eine Totalkapazität zwischen 3,5 und 5 Liter (s. Abb. 6).

Ziel ist nicht, die Totalkapazität des Atemvolumens während des ganzen Tages auszuschöpfen. Es geht darum, sich des persönlichen Potentials bewußt zu werden. Vielleicht bekommen Sie dadurch das Bedürfnis, etwas mehr davon zu nutzen oder immer wieder tiefe Atemzüge zu nehmen und deren befreiende Wirkung zu erleben.

Mit den folgenden drei Stufen erläutere ich den Zusammenhang, der eine unterschiedlich tiefe Atmung für den Menschen haben kann. Das Ziel ist nicht, eine bestimmte

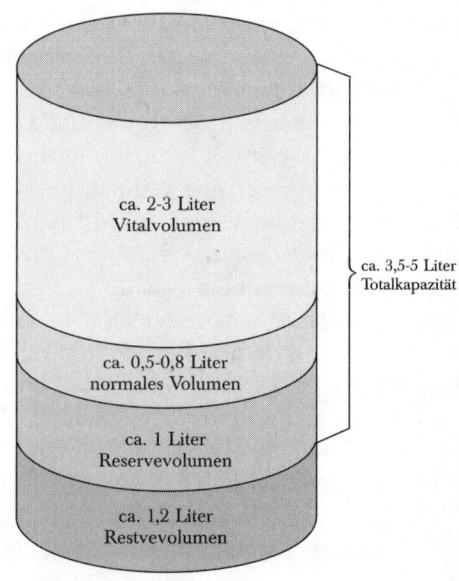

Abb. 6: Die Aufteilung des Lungenvolumens.

Form des Atmens anzustreben. Vielmehr liegt im Erkennen der Zusammenhänge die Chance, sich auf der inneren Ebene zu entwickeln und einer ganzheitlichen Befreiung entgegenzuwachsen. Sehen Sie die folgenden Abschnitte als Impulse zu einem erweiterten Verständnis.

Die minimale Atmung

Atmen wir minimal, so unterdrücken wir (meist unbewußt) den Atemreflex. Wir ziehen uns zusammen, machen uns klein und nehmen möglichst wenig Luft auf. Dies kann ein Schutz oder eine vorübergehend hilfreiche Haltung sein. Wird die minimale Atmung zur Gewohnheit, so kann daraus eine Bescheidenheit resultieren, die zur körperlichen Mühsal wird. Der Körper hat zuwenig Sauerstoff, die Organe sind unterversorgt, der Stoffwechsel wird träge. Es bilden sich körperliche Ablagerungen und Verschlackungen. Bei körperlicher Betätigung ermüden wir schnell. Im Bereich des Brustkorbes können Schwere- und Druckgefühle entstehen, die im Extremfall Erstickungsängste auslösen. Bei Jugendlichen kann sich die reduzierte Atmung in zusammengezogenen Schultern zeigen. Mit dem Finden der Ich-Identität und des eigenen Weges, verschwindet diese Körperhaltung manchmal über Nacht.

Das minimale Atmen wurzelt oft in unbewußter Angst vor sich selbst und dem Leben. Werden diese Ängste nicht ins Bewußtsein geholt und bearbeitet, können psychische und körperliche Symptome entstehen. Zuwenig atmen bedeutet, daß wir das Leben verneinen. Die alltäglichen Pflichten werden zur Qual. Wir resignieren und sterben ab. Dies gleicht einem langsamen Sich-vom-Leben-Verabschieden, was zu Krankheit und frühzeitigem Tod führen kann.

Die oberflächliche Atmung

Die oberflächliche Atmung läßt den Körper gerade noch funktionieren. Wir nehmen nur soviel Sauerstoff zu uns, wie wir brauchen. Das ist nicht mehr und nicht weniger als der Körper fordert. Wir reagieren passiv auf den Atemreflex und beschränken uns auf das reine Überleben. Für unser Leben bedeutet dies, daß wir nicht bereit sind, uns in tiefere Schichten unseres Seins zu begeben. Wir bewegen uns in bekannten und sicheren Bereichen. Risikofreudig Neues auszuprobieren macht angst. Wachstumsprozesse werden umgangen, Chancen zum Teil nicht genutzt. Oberflächliches Atmen kann abstumpfen und Bewußtwerdung verhindern.

Die volle und tiefe Atmung

Atmen wir tief und bewußt, zeigt sich dies in einem großen, lockeren Lungenvolumen und einer aufrechten Haltung. Der Organismus wird ausreichend mit Sauerstoff versorgt. Wir verfügen über genügend Energie, um das Leben zu meistern und sind mit unseren Gefühlen in Kontakt. Bewußtes und tiefes Atmen erleichtert uns den Umgang mit den *Höhen und Tiefen* des Lebens. Körper und Umwelt werden als Herausforderung wahrgenommen, Krisen als Chancen genutzt, nötige Veränderungen mit Zuversicht in Angriff genommen. Atmen wir chaotisch und zu tief, kann sich darin Überaktivität und Hektik zeigen. Man hat das Maß nicht gefunden und schießt über das Ziel hinaus. Meist wird das Ein- oder das Ausatmen zu stark betont, was Unausgeglichenheit und mangelnde Zentriertheit bedeutet. In der natürlich tiefen Atmung *nehmen* wir, was auf uns zukommt, in uns hinein und *lassen es wieder los.* Wir sind durchlässig und geben uns dem Leben hin. Damit schöpfen wir unsere Zeit auf der Erde aus und entwickeln Bewußtsein und Reife. Wir selbst bestimmen, wie lebendig wir sein wollen. Wir sind nicht nur die Opfer äußerer Umstände. Den größten Teil unserer zu engen Grenzen haben wir uns selbst gesetzt. Gott hat uns den Lebensatem gegeben. Worauf warten wir? Beginnen wir damit, wirklich zu leben. Jetzt gleich und immer wieder aufs neue. Jeder Atemzug gibt uns eine neue Chance. Frei zu atmen heißt, an der Fülle des Lebens teilzunehmen. Die Möglichkeiten sind unendlich. Es liegt an uns.

III

Das Integrations-Atmen

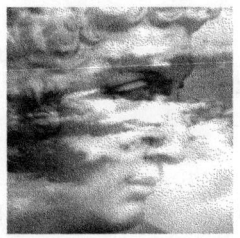

Was ist das Integrations-Atmen?

*Finde ich mein wahres Wesen und meine ursprüngliche
Bestimmung, so öffnet sich die Knospe meines Lebens zu einer
strahlenden Blume, die ihren zauberhaften Duft verströmt.*
Christine Kranz

Im Lauf der Jahre lernte ich viele verschiedene Techniken
und Therapien kennen. Dabei erlebte ich wunderbare und
unterstützende Methoden, die mich auf meinem Weg wei-
terbrachten. All diese Erfahrungen veranlaßten mich, aus
den verschiedenen Richtungen die Essenz herauszukristalli-
sieren. Ich entwickelte meine eigene Form, um mit Menschen zu arbeiten: das Integrations-Atmen. Es vereinigt alle
Elemente, die ich für eine wirkungsvolle Therapie als wesentlich erachte. Dabei bin ich mir sehr wohl bewußt, daß es
sich nicht um eine *neue Errungenschaft* handelt. Ich bringe
einzelne Teile aus verschiedenen alten Kulturen in Verbindung und passe sie den Bedürfnissen der heutigen Zeit an.
Das Integrations-Atmen ist keine Methode, die den Menschen verändert oder besser macht. Es ist keine *Wegmachthe-
rapie*, die Probleme und Symptome aus der Welt schafft oder
glattbügelt. Es hilft nicht, eine persönliche oder kollektive
Vorstellung vom *idealen Menschen* zu erreichen. Das Integrations-Atmen führt uns in unsere eigene Mitte. Es hilft verdrängte Erlebnisse ins Bewußtsein zu heben und zu integrieren. Das Integrations-Atmen reinigt und klärt uns auf
jeder Ebene von *Altlasten*. Es bringt uns zu unserer Ur-
sprünglichkeit zurück und ist eine Hilfe, die persönliche Lebensbestimmung zu finden. Menschen, die sich auf den In-
tegrations-Prozeß einlassen wollen, müssen bereit sein, sich
ehrlich mit sich selbst auseinanderzusetzen. Das tiefe Atmen
schwemmt sanft und doch bestimmt das Unbewußte an die
Oberfläche. Es ist eine Aufforderung, die Maske des All-

tags abzunehmen und die Reise in die innere Welt anzutreten. Die Begegnung mit dem Schatten führt zu einer direkten Selbstkonfrontation.

Im folgenden gehe ich auf die fünf Punkte des Integrations-Atmens ein:

1. Das Setting
2. Die Wahrmehmung
3. Die geistige Welt
4. Der Atemprozeß
5. Die Verbindung zum Jetzt.

In der Beschreibung verwende ich den Begriff des *Begleiters*. Die Menschen erarbeiten sich ihren Prozeß selbst. Der Begleiter hält sich nicht an starre Konzepte, sondern läßt den Moment entscheiden und versucht intuitiv, das Wesentliche zu erfassen. Seine Aufgabe besteht darin, eine sichere, vertrauensvolle Situation zu erschaffen und wegweisend beizustehen.

Das Setting

Die Rahmenbedingungen einer Sitzung sind besonders wesentlich. Die betreffende Person und der Begleiter müssen sich im Therapieraum und miteinander wohl fühlen. Besteht in ihrer Beziehung eine Spannung, die nicht gelöst werden kann, so ist es sinnlos, zusammenzuarbeiten. Es ist von äußerster Wichtigkeit, daß die Sitzung von einer sicheren und geborgenen Atmosphäre getragen wird. Die Sitzung darf nicht durch Telefonate oder sonstige Unterbrechungen gestört werden. Nur so können sich die Teilnehmer ohne Einschränkung auf den Moment einlassen. Zu viele Möbel, Gegenstände, Bilder und sonstige Dinge könnten den Therapieraum überladen. Jeder Gegenstand hat eine Ausstrahlung, die das Umfeld im Positiven wie im Negativen beeinflußt. Wirkt der Raum dunkel, schwer und voll, so kann für die Sitzung eine erdrückende Stimmung entstehen. Ist er leer und steril, so wirk er eher kühl. Es scheint mir ideal, wenn der Raum genügend Platz für die innere Entfaltung des Menschen bietet. Persönliche Dinge des Begleiters und Akten anderer Personen sollten nicht im Raum herumliegen. Sie beladen das Energiefeld. Die Verwendung von Musik ist eine große Unterstützung. Sie kann beim Gespräch als leise Hintergrundmusik und bei der Atemsitzung als aktivierende und prozeßbegleitende Stimmulierung eingesetzt werden. Wichtig ist, daß der Begleiter sensibel die jeweilige Situation erfaßt und die passende Musik mit der idealen Lautstärke auswählt. Mir persönlich ist es wichtig, daß eine weiße Kerze brennt. Sie symbolisiert Licht, Klarheit und die Transformationskraft des Feuers.

Die Wahrnehmung

Das Ziel der Sitzungen ist, die Wahrnehmung für das, was ist, zu sensibilisieren. Dies bedingt klare Beobachtung, Offenheit und Gegenwärtigkeit. Die Situation der betreffenden Person sollte ohne zu werten wie ein *Objekt* behandelt werden, welches man umkreist und von verschiedenen Seiten betrachtet. Wird zu viel hineininterpretiert oder werden Ratschläge gegeben, so nimmt man dem Betreffenden die Chance des Selbsterkennungsprozesses. Die Aufgabe des Begleiters ist es, dem Menschen den Zugang zu seiner eigenen Gefühls- und Erlebniswelt zu ermöglichen.

Jeder Mensch hat eine innere Instanz, die alles weiß. Sie teilt sich ihm durch den Körper, in den Gefühlen und über die Gedanken mit. Hört der Betreffende diese Signale, kann er die entsprechenden Inhalte verstehen lernen. In diesem selbst erarbeiteten Prozeß werden unbewußte, abgespaltene

Persönlichkeitsanteile bewußt. Durch diese Bewußtseinserweiterung entwickelt der Mensch wie von selbst ein neues Verständnis für sich und sein Umfeld.

Die geistige Welt

Der Kontakt zur geistigen Welt ist von zentraler Bedeutung. Ich stelle mich als Begleiterin der Quelle der *Allwissenden Kraft* als *Werkzeug* und *Kanal* zur Verfügung. Diese Kraft könnte man auch Geist, Gott oder Universelles Licht nennen. Wichtig ist, daß man sich auf das allerhöchste Ideal einstimmt und ein Bild findet, mit dem man sich verbinden kann.

Ich bitte die geistige Welt um Schutz und Führung und lasse mich von Impulsen leiten. So bin ich nicht nur auf die Möglichkeiten, die ich als Mensch habe beschränkt, sondern öffne mir und den Betreffenden den direkten Zugang zur inneren Weisheit.

In der geistigen Welt ist tiefe, bedingungslose Liebe und Klarheit beheimatet. Durch die Einstimmung auf diese Kraft, bekommen wir eine zusätzliche Chance, wirkliche Spiritualität zu erleben. Liebe und Urvertrauen sind die Urquelle aller Heilung.

Der Atemprozeß

Der Atemprozeß selbst bildet das Zentrum. Durch das Atmen kommt der Mensch von der betont analytisch denkenden Perspektive tiefer in die körperliche, emotionale und geistige Erlebniswelt. Dieses aktive, intensive Erleben fördert tiefe Klärungsprozesse und öffnet Wege zur Erkenntnis.

Das Integrations-Atmen ist verwandt mit dem *holotropen Atmen* (auf Ganzheit abzielend oder sich auf Ganzheit hinbewegend) von Dr. Stanislav und Christina Grof und dem *Rebirthing* (wie neu geboren werden) von Leonard Orr. Sie haben die Wirkung des bewußten Atmens erforscht und damit Pionierarbeit geleistet.

Das Integrations-Atmen basiert auf tiefem, verbundenem Atmen. Dabei ist es wichtig, in einem Atemzug nicht von der Nasen- zur Mundatmung zu wechseln, weil dadurch der Fluß unterbrochen wird. Um die Energie im Körper zu erhöhen, ist die Nasenatmung vorzuziehen. Mit der Mundatmung ist es leichter, Spannungen und Gefühle loszulassen. Während der Sitzung kann zwischen Nasen- und Mundatmung abgewechselt werden. Achtet man darauf, daß sich Ein- und Ausatmung in einem Kreis verbinden, entsteht mit der Zeit ein Fließen ohne Anfang und Ende.

Es geht nicht darum, sich auf die Bauchatmung zu konzentrieren. Im Gegenteil: es ist ein Reinigungs-Atmen, und die Betonung liegt im Brustbereich. Die gewohnte Atemkapazität wird durch Geschwindigkeit und Tiefe bewußt ausgedehnt, wodurch sich die persönliche Grenze erweitert. Durch die vermehrte Sauerstoffzufuhr wird der ganze Organismus von innen heraus aktiviert. Im Körper entsteht ein intensives Fließen der Energie, das sich in Kribbeln und Vibrationen zeigt. Körperliche Schwachstellen werden aktiviert und melden sich als Druck, Spannung oder Schmerzen.

In den ersten Atemsitzungen tritt vereinzelt das Hyperventilationssymptom auf, das aber innerhalb des Integrations-Atmens ungefährlich ist. Dabei wird ein großes Volumen an Sauerstoff aufgenommen und gestaut. Synchron dazu weigert sich der Betreffende, Leben (Sauerstoff) in sich aufzunehmen und blockiert den Fluß. Spannungen und Verkrampfungen weisen auf genau diese innere Blockade hin. Schafft es die betreffende Person, mit den damit verbundenen Gefühlen in Kontakt zu kommen und sie auszuagieren, entspannt sie sich von einem Moment auf den nächsten. Ich habe beobachtet, daß im Durchatmen der Blockade eine Grenzerweiterung entstand, in der die Menschen einen glückseligen Zustand erlebten.

Parallel zu den körperlichen Symptomen werden unbewußte psychische Anteile in Fluß gebracht. Trauma und damit verbundene Bilder, die sich im Alltag als körperliche und psychische Blockaden manifestierten, können mit Hilfe des Atems ins Bewußtsein gehoben und nach außen transportiert werden. Erinnerungen können bis zur eigenen Geburt und Embryonalzeit, ja, bis zurück in vergangene Leben führen.

Während des Atemprozesses ist es wichtig, sich im Ganzen auf das innere Erleben einzulassen. Selbstanalyse oder mit den eigenen Gedanken und Vorstellungen den Prozeß steuern zu wollen, ist hinderlich.

Auch wenn intensive Gefühlsinhalte durch das Atmen an die Oberfläche des Bewußtseins kommen, heißt das nicht, daß der Mensch die Bewußtseinskontrolle über sich verliert. Er bleibt fähig zu entscheiden, ob er einen Prozeß durchlaufen will oder nicht.

Bleibt die Kontrollinstanz *Kopf* übermächtig, kann folgende Visualisierung äußerst hilfreich sein: Stellen Sie sich vor, daß Ihr Kopf mit seinen Gedanken eine eigenständige Person ist. Sagen Sie zu ihm: »Im Moment ist es wichtig, daß ich mich, ohne darüber nachzudenken, auf mein Erleben einlasse. Gehe du hinaus in den Garten und setze dich auf eine Bank (je nach Umfeld: Wartezimmer, Park, Auto, etc.). In einer Stunde darfst du wieder hereinkommen. Dann werde ich alles, was ich erlebt habe, mit dir besprechen.« Meist funktioniert diese Technik auf Anhieb.

Schafft es der Mensch, sich in seine Gefühlswelt fallen zu lassen, ereignet sich ein wunderbarer, unbeschreiblicher Heilungsprozeß. Wie von selbst öffnen sich innere Räume, die lange verschlossen waren. Mit der Integration verborgener Erfahrungen wird jahrzehntelang verschüttetes Potential freigelegt. Es entwickelt sich Vertrauen in das eigene Empfinden und daraus eine Kraft, die nahezu unerschöpflich ist.

Wird der Mensch nicht gedrängt, steuert er die Intensität des Prozesses selbst, indem er den Atem forciert oder verlangsamt. Die Aufgabe des Begleiters ist es, behutsam über die Angstschwelle zu helfen und durch den anstehenden Prozeß hindurchzuführen. Keinesfalls darf ein Erfolgsdruck oder ein Selbstbestätigungstrieb des Begleiters auf die Menschen übertragen werden. Das könnte dazu führen, daß der natürliche Schutz- und Steuermechanismus der Atemregulierung überlagert würde, wodurch eine Überforderung des physischen sowie psychischen Systems eintreten würde.

Der Atemprozeß findet auf dem Rücken liegend, mit geschlossenen Augen statt und dauert zwischen 45 und 95 Minuten. Dem Atmen folgt eine Entspannungsphase, die je nach Bedürfnis unterschiedlich lang ist.

Kein Mensch und keine Sitzung sind gleich. Durch das Integrations-Atmen steigt wie von selbst dasjenige Thema aus dem Unbewußten an die Oberfläche, das im Moment am wichtigsten ist und reif, bearbeitet zu werden. Von Sitzung zu Sitzung baut sich ein organischer, folgerichtiger Prozeß auf, woraus eine natürliche, systematische Bereinigung der *Altlasten* erfolgen kann.

Die Verbindung zum Jetzt

Im Anschluß an die Atemsitzung ist es wichtig, das Erlebte zu verstehen und dem Bewußtsein entsprechend einzugliedern. Die körperlichen Symptome werden in ihre psychische Bedeutung übersetzt.

Manifestieren sich beispielsweise während der anfänglichen Atemprozesse starke Spannungen in den Händen, so kann das ein Gefühl auslösen, abgeschnürt zu sein oder

Handschellen zu tragen. Dies weist oft auf eine Problematik mit *Annehmen oder Loslassen* hin, das heißt einer Einschränkung der alltäglichen Handlungsfähigkeit. Damit verbunden finden sich oft eine Verminderung der Kreativität und die Bereitschaft zu innerer Destruktion. Die Folge sind Durchblutungsstörungen und kalte, starre Hände. Werden diese Blockaden aufrecht erhalten, verstärken sie sich mit den Jahren und können im Alter zu akuten, schmerzhaften Gelenkbeschwerden führen. Schlimmstenfalls versteifen sich Finger und Handgelenke bis zur Unbeweglichkeit.

Durch die Befreiung dieser Blockaden können sich ungeahnte vitale und kreative Perspektiven eröffnen.

Hinter jedem Symptom und Bild stehen verschlüsselte Botschaften, die übersetzt in einen größeren Zusammenhang eingebettet werden können. Erinnerungen aus der Vergangenheit müssen auf das Jetzt bezogen werden.

Wichtig ist zu verstehen, daß die Erlebnisse eines jeden Menschen durch seine subjektive Betrachtung gefärbt sind.

Hätte eine Frau zum Beispiel die Empfindung, von ihrem Vater zu wenig Aufmerksamkeit erfahren zu haben, ist dies in erster Linie ihre ganz persönliche Wahrnehmung. Ob es sich in Wirklichkeit so verhielt, ist völlig sekundär. Für die betreffende Person ist es wichtig zu sehen, daß sie an ihrem jetzigen Lebenspunkt an diesem Muster festhält, was sie womöglich daran hindert, eine feste Bindung einzugehen. Läßt sie sich dennoch auf einen Partner (Vater) ein, bewirkt sie vielleicht unbewußt, verlassen zu werden. Aus diesem *Teufelskreis* kann sie sich nur durch die Erkenntnis und die Integration ihres Verhaltensmusters befreien. Dann vermag sie getrost ihre Opferhaltung abzulegen und neue Umgangsformen zu pflegen.

In jeder Schwäche liegt eine Stärke. Diese zu erkennen und die damit zusammenhängenden Ressourcen zu aktivieren, ist eine echte Chance der *Schattenarbeit*. Dabei geht es nicht darum, jemanden zu trösten oder künstlich zu motivieren. Der Abschluß einer Sitzung sollte dem Menschen seine positive Perspektive aufzeigen, ihn mit der Realität verbinden und in Freiheit entlassen.

In der Realität des Menschen liegt die Herausforderung. Sie besteht darin, das Begriffene in das tägliche Leben umzusetzen und dadurch greifbar zu machen. Mit diesem wichtigen Schritt ist die wirkliche Integration geschafft. Der Betreffende macht neue, konkrete Erfahrungen, die ihm helfen, das Vergangene in Frieden hinter sich zu lassen.

Für mich als Begleiterin ist damit die Sitzung vorerst abgeschlossen. Aber ich sage den Betreffenden, daß ich für sie zur Verfügung stehe und, wann immer ein Problem nicht lösbar ist, rund um die Uhr telefonisch erreichbar bin. Ich habe unzählige Sitzungen begleitet und kann an einer Hand abzählen, wie oft dieses Angebot in Anspruch genommen wurde. Oft wird mir jedoch von Menschen berichtet, daß sie bei Problemen erfolgreich mentalen Kontakt mit mir aufnehmen oder die Lösung über ein Traumerlebnis erfahren.

Ich glaube, daß die Betreffenden aus dem Wissen, daß ihr Begleiter für sie da ist, tiefes Vertrauen und ein Gefühl der Sicherheit gewinnen.

Wie kann das Integrations-Atmen angewendet werden?

Das Integrations-Atmen kann als solches angewendet oder mit zahlreichen therapeutischen Techniken kombiniert werden, wie zum Beispiel Massage, Körper-, Gestalt- und Primärtherapie, Beratung, Psycho- und Verhaltenstherapie und Psychoanalyse. Auch bei Geburtsvorbereitung und Sterbebegleitung hat sich das bewußte Atmen bestens bewährt.

Das Integrations-Atmen ersetzt keine notwendige medizinische Versorgung oder Therapie, wobei eine Zusammenarbeit mit dem Schulmediziner die optimale Betreuung des Patienten gewährleistet.

Eine qualifizierte Begleitung ist das Alpha und Omega einer Atemsitzung. Die Prozesse können tief gehen und traumatische Erlebnisse ins Bewußtsein holen. Bei dem Versuch einer Selbsttherapie besteht die Gefahr einer immensen Überforderung, welche die Problematik noch verstärken könnte. Deswegen rate ich dringend von experimentellen Alleingängen ab. Nur die Erfahrung vieler durchlaufener Atemprozesse bringt die Sicherheit im Umgang mit den Reaktionen. Trotzdem ist die Betreuung durch den ausgebildeten Begleiter der sicherste und effektivste Weg.

Das Integrations-Atmen löst auf körperlicher und psychischer Ebene einen tiefgehenden Prozeß aus. Die Atemsitzungen dürfen deswegen nicht in Verbindung mit Alkohol, Drogen, starken Medikamenten und Psychopharmaka angewendet werden. Da das Atmen eine aktivierende Wirkung hat, ist es für Menschen, die kurz zuvor operiert wurden, die schwer krank oder psychisch sehr labil sind, nicht geeignet. Vorsicht ist außerdem geboten bei Epilepsie, Herzkrankheiten und hysterischer Veranlagung. Hier empfehle ich zur Stabilisierung, vorerst verschiedene Atemübungen des übernächsten Kapitels anzuwenden. Bei einer Schwangerschaft sollte nur sanft geatmet werden. Eine zu intensive Atemsitzung könnte Kontraktionen der Gebärmutter auslösen und damit eine verfrühte Wehentätigkeit.

Es ist wichtig, direkt vor der Sitzung nicht zu essen und danach, zur Unterstützung der Ausscheidung, viel Wasser oder leichten Kräutertee zu trinken. Für die energetische Reinigung empfehle ich, gründlich zu duschen und sich dabei vorzustellen, daß alles, was an alter Energie nicht mehr gebraucht wird, abfließt.

Atemsitzungen können einzeln oder in der Gruppe stattfinden. Für die ersten Atemsitzungen oder für Menschen, die sich in Gruppen nicht wohl fühlen, sind Einzelsitzungen geeigneter. Wer mit der Atemmethode nicht vertraut ist, fühlt sich mit der Einzelbetreuung sicherer. Gruppen haben den Vorteil eines dynamischen Prozesses. Indem wir andere erleben, können wir viel lernen und wertvolle Erfahrungen machen. Zwischenmenschliche Verhaltensmuster werden bewußt und klären sich. Die Wahl zwischen Einzelsitzungen und Seminaren ist außerdem eine Frage der finanziellen Möglichkeiten. Gruppen sind preislich günstiger.

Die Anzahl der Sitzungen ist individuell. In einem Aufarbeitungsprozeß ist der übliche Turnus alle ein bis zwei Wochen eine Sitzung von etwa zwei Stunden. Dieser Prozeß erstreckt sich bei einer klar benennbaren Thematik über etwa zwei bis drei Monate, bei einer umfangreichen Traumatisierung bis zu drei Jahren. Es gibt Menschen, die alle paar Monate das Bedürfnis nach einer Sitzung zur persönlichen Klärung und Orientierung haben. Andere haben den Drang, intensiv an sich zu arbeiten und täglich, zum Beispiel im Rahmen eines längeren Seminars, durch Atemprozesse hindurchzugehen. Unabhängig von diesem Zeitraum ist jede Sitzung für sich abgeschlossen. In seltenen Fällen ist die Tragweite einer durchlaufenen Problematik so groß, daß der Prozeß innerhalb einer Sitzung nicht abgerundet werden kann. Sollte dies sein, so ist es wichtig, daß möglichst bald ein neuer Termin folgt, damit sich nicht das Gefühl des »Steckenbleibens« als Erfahrung manifestiert. Grundsätzlich sollte sich niemand zur Prozeßarbeit überreden oder sogar zwingen lassen. Es ist wichtig, daß die/der Betreffende in sich den Wunsch verspürt, mit dem Atem zu arbeiten. In diesem Sinne empfehle ich den Betreffenden vor jeder Sitzung zu prüfen, ob die Bereitschaft für den nächsten Schritt gegeben ist.

Das Integrations-Atmen ist für Menschen jeden Alters geeignet. Die Motivation, sich zu diesem Schritt zu entscheiden, ist vielfältig. Manche Menschen haben körperliche oder psychische Probleme. Andere sind mit sich und der Lebenssituation nicht zufrieden und streben Veränderungen an. Viele Menschen begeben sich jedoch ohne ersichtlichen Grund in den Atemprozeß. Sie haben das Bedürfnis, sich selbst besser kennenzulernen und verborgene Anteile zu befreien. Was immer das Motiv zu einer Sitzung ist, es spielt eine zweitrangige Rolle. Das Ergebnis des Integrations-Atmens ist bei allen Menschen dasselbe: Es ist ein Befreiungs- und Selbstfindungsprozeß.

Die Menschen, die das Integrations-Atmen anwenden, erleben dabei ihre eigenen, authentischen Prozesse. Nie habe ich zweimal dieselbe Sitzung erlebt. Die Erlebnisse sind so unterschiedlich wie die Menschen selbst. Mit den Jahren bildet sich für die Begleitung ein Erfahrungsschatz, der zu bestimmten Themen Parallelen aufzeigt. Das Wichtigste ist jedoch, die Menschen nicht zu kategorisieren, sondern jederzeit für alles offen zu sein. Dadurch habe ich unendlich viel gelernt und lerne mit jeder weiteren Sitzung dazu.

In den folgenden Kapiteln gehe ich auf verschiedene Problemstellungen ein. Ich lasse Menschen sprechen, mit denen ich gearbeitet habe. Die Namen und persönlichen Angaben wurden geändert.

Diese Menschen stellen ihre tiefen und wertvollen Erfahrungen zur Verfügung und lassen uns in ihre persönliche Welt eintauchen. Ich freue mich und habe große Achtung, daß sie diesen Schritt gewagt haben und bereit sind, ihre Geschichte zu teilen.

Ich danke ihnen aus der Tiefe meines Herzens.

Die Heilung von Krankheiten

Jede Krankheit hat ihren psychischen Hintergrund. Meist sind es verdrängte Probleme, die sich in Schmerzen und Blockaden manifestieren. Körperliche Schmerzen sind Schreie der Seele. Versuchen wir, den Körper ohne einen psychischen Prozeß zu heilen, wird der Erfolg ausbleiben. Das Symptom wird vielleicht geheilt, aber die Problematik findet meist einen anderen Bereich, in dem sie erneut als Symptom erscheinen kann.

Durch das Integrations-Atmen kommen wir mit der Botschaft des Körpers in Kontakt und beginnen, sie zu verstehen. Das neugewonnene Verständnis führt dazu, daß wir unser Leben verändern und nicht gelebten Bedürfnissen Raum geben. Sofern die Krankheit noch nicht massiv chronisch oder mit irreparablen Schädigungen des Körpers verbunden ist, kann eine Heilung eingeleitet werden.

Es gibt Schwächen und Krankheiten, die zum Leben des jeweiligen Menschen gehören. Die innere Welt teilt sich durch das Symptom mit. So kann zum Beispiel eine Herzschwäche die Funktion einer Alarmanlage übernehmen. Sie wird sich, wann immer etwas nicht stimmt oder ein Erlebnis besonders intensiv ist, bemerkbar machen. Das Herz verkörpert somit das Sprachrohr meiner inneren Stimme und sendet deutliche Signale aus. Die Aufgabe wäre, die Sprache des Herzens verstehen zu lernen.

Wird gegen eine Krankheit gekämpft, kann dies destruktive Auswirkungen haben. Natürlich sollen die Chancen für eine mögliche Heilung genutzt werden. Wichtig ist, die menschlichen Grenzen wahrzunehmen und zu akzeptieren. Ist eine Krankheit, eine Behinderung oder der Tod für uns bestimmt, ist es für alle Beteiligten heilsam, den Prozeß des liebevollen Annehmens zu durchlaufen.

Im folgenden schildert Franz seine Erlebnisse. Er ist als Zweitgeborener mit vier Geschwistern in einer Großstadt aufgewachsen. Mit viel Ehrgeiz und Einsatz schloß er das Studium zum Maschinenbauingenieur ab. Als er das erstemal zu mir kam, war er 53 Jahre alt und hatte durch seine Polyarthritis extreme Schmerzen. Er war eher ruhig und introvertiert. Sein Gesicht und seine Körperhaltung waren vom Leben gezeichnet.

Franz ist verheiratet und hat fünf Kinder. Beruflich ist er selbständig. Sein anfänglicher Widerstand gegen das Atmen wandelte sich schnell in Vertrauen und in eine große Bereitschaft, sich zu öffnen. Seine Gesichtszüge wurden zusehends entspannter, und er entwickelte immer mehr Humor. Insgesamt durchlief er etwa siebzehn Atemsitzungen.

Hier seine Schilderung:

Polyarthritis = entzündliche Erkrankung zahlreicher Gelenke. Primär chronische Poly-Arthritis = die rheumatoide Arthritis, ein fortschreitender, deformierender Gelenkrheumatismus, u.a. der meist symmetrisch befallenen kleinen Gelenke (gelegentlich aber mit akutem Schub oder akuten Schüben).

So lautet die Definition des medizinischen Lexikons; die Haus- und Spezialärzte stellten diese Diagnose. Mitten im Berufsleben stehend, mit aktivem Hobby, traf mich diese Botschaft schwer. Sollten die diversen schlechten Prognosen wirklich eintreten? Bedeutete dies für mich das Aus?

Aufgeschreckt begab ich mich umgehend in spezialärztliche Behandlung. Doch schon nach wenigen Konsultationen spürte ich, trotz bester Betreuung durch den Arzt, einen inneren Widerstand. Ich verweigerte eine vorgesehene Spritze und die Einnahme von weiteren Medikamenten. Meine innere Stimme sagte mir: »Du mußt einen anderen Weg suchen und wirst ihn finden«.

Der Verlauf meiner Krankheit war bereits fortgeschritten. Fast andauernd litt ich unter starken Schmerzen, und der Gang über

Treppen wurde mir zur Qual. Wenn ich jemandem die Hand zum Gruß reichte, sagte ich schnell: »Bitte nicht drücken!«

Nach vielen Alternativ- und Selbst-Behandlungen landete ich schließlich, durch die aktive Unterstützung meiner Frau, beim Integrations-Atmen. Mehr als skeptisch begab ich mich zur ersten Einzelsitzung. Die Wirkung des Atmens verblüffte mich und stellte meine sonst so realbezogene Haltung dem Leben gegenüber in Frage. Viele weitere Sitzungen folgten. Meine Frau motivierte mich, mit ihr an einem Urlaubsseminar auf der Kanarischen Insel »La Gomera« teilzunehmen. Hier kam für mich die neue Erfahrung der Gruppensitzungen dazu. Ich erlebte intensive Bewußtseinsprozesse und verfolgte staunend die Erlebnisse und Offenheit der anderen Teilnehmer und Teilnehmerinnen.

Meine Eindrücke und Erlebnisse während all der Sitzungen waren vielfältig. Anfänglich hatte ich akute Hustenanfälle mit starkem Druck auf der Brust. Durch das Atmen drang ich in die tiefere Dimension dieser Enge vor. Ich sah, wie ich als Kind und Jugendlicher zu Anpassung und Disziplin gezwungen wurde. Mir wurde bewußt, wie mein damaliges Umfeld mich unterdrückte, und wie ich darauf mit Selbstkasteiung reagierte. Die Versteifung der Gelenke stand analog zu meiner inneren Unbeweglichkeit und selbstauferlegten Einschränkung. Es waren unerträgliche Gefühle, mit denen ich rang und gegen die ich mich mit aller Kraft wehrte. Christine begleitete mich auf diesem Weg liebevoll und behutsam, aber auch mit einer gewissen Beharrlichkeit. Immer wieder spornte sie mich an: »Fühle den Schmerz, laß ihn raus«. Meine starke Schale schmolz wie Eis unter der Sonne, und ich weinte und jammerte wie ein kleines Kind. Jahrzehntelang hatte ich keine Träne vergossen, und nun glaubte ich, die Welt breche über mir zusammen.

Ich weiß nicht, wie viele verdrängte Tränen ich im Laufe meiner Prozeßarbeit geweint habe. Die alten Schmerzen drängten sich durch das Atmen an die Oberfläche und brachen aus mir heraus.

Nach den Sitzungen fühlte ich mich müde und total erschöpft. Mich am Schlußgespräch zu beteiligen, machte mir Mühe. Meine schweren Blockaden lösten sich mit der Zeit, und ich fühlte mich immer leichter. Sicherlich gab es einige Rückfälle. Aber langsam und sachte gingen die Schmerzen zurück und verschwanden schließlich.

Vier Jahre sind seit der Arbeit mit dem Integrations-Atmen vergangen. Ich bin bis zum jetzigen Zeitpunkt ohne medizinische Mittel beschwerdefrei. Der ganze Prozeß geschah nicht von heute auf morgen. Meine Frau und ich haben unser Leben verändert. Für ihr »Mitgehen« empfinde ich eine große Dankbarkeit. Wir sind gemeinsam gewachsen. Die Krankheit hat uns zu bewußteren und freudvolleren Menschen gemacht.

Wir haben erfahren, wie wichtig freies Atmen für unser ganzheitliches Wohlbefinden ist und erinnern uns oft an diese intensive Zeit.

Von der Abhängigkeit in die Freiheit

Im Wort *Abhängigkeit* verbirgt sich *hängen*. Im Herkunftswörterbuch stehen bei *abhängig* die Begriffe: *durch etwas bedingt, bestimmt, angewiesen und unselbständig.*

Für *Freiheit, frei* finden wir die Begriffe: *schützen, schonen, gern haben, lieben und beistehen.*

Es gibt verschiedenste Abhängigkeiten. Wir können abhängig sein von Menschen, Tieren, Lebenssituationen, Gegenständen, Tätigkeiten, Konsummitteln, Drogen, Medikamenten, kurz gesagt: von allem.

Wann beginnt Abhängigkeit, und was bedeutet Freiheit? Bedeutet Abhängigkeit nicht eine Entscheidung für Verantwortungsbewußtsein, Verbindlichkeit, Hingabe und eine intensive Beteiligung am Leben? Ist sie nicht ein wichtiger Bestandteil in zwischenmenschlichen Beziehungen? Das Gefühl der Freiheit können wir erst empfinden, wenn wir uns unserer Abhängigkeiten bewußt sind. Freiheit ist, sich entscheiden zu können, welche Abhängigkeiten man eingehen möchte.

Freiheit bedingt Abhängigkeit, Abhängigkeit bedingt Freiheit. Es ist ein Wechsel von Aufnehmen und Abgeben, eine Loslösung von Vergangenem und eine Entscheidung für Zukünftiges.

Diese Gegensätze geben uns die Chance, Erfahrungen zu machen und im Wechsel des Lebens wertvolle Erkenntnisse zu gewinnen.

Was bedeutet es, abhängig zu sein? Wird ein Mensch durch Abhängigkeit in seiner Entwicklung behindert, entsteht daraus Unfreiheit. Der Betroffene hat das Gefühl, ohne das *Objekt der Abhängigkeit* nicht leben zu können. Die Sucht kann zu einem Leidensprozeß führen, der für ihn und das Umfeld belastend ist.

Etymologisch ist Sucht verwandt mit den Wörtern: Suche, Sehnsucht, Eifersucht, Selbstsucht, Gefallsucht, Herrschsucht, Mondsucht, Versuch, Versuchung.

In der Abhängigkeit ist ein Suchen verborgen. Es fehlt etwas. In das Objekt der Abhängigkeit wird die Hoffnung gelegt, das Fehlende zu bekommen. Wollen die Betreffenden von der Sucht frei werden, muß das Fehlende gefunden werden, was einen individuellen Weg der Selbstfindung erfordert.

Das Atmen ist eine wunderbare Möglichkeit, sich selbst wahrzunehmen und Vertrauen in den eigenen Weg zu finden. Es hilft, das Prinzip des Aufnehmens und Abgebens zu integrieren. Durch die Selbstfindung und der daraus gewonnenen Authentizität haben die Menschen die Chance, Abhängigkeiten loszulassen. Räume, die von Objekten besetzt waren, werden frei und stehen den Betreffenden für Neues zur Verfügung. Sie werden mutig, nehmen das Leben selbst in die Hand und gestalten es den eigenen Bedürfnissen entsprechend.

Reinhard wuchs in einer ländlichen Gegend mit zwei Geschwistern auf. Er war als Kind kränklich und benötigte viel Aufmerksamkeit. Reinhard versuchte, wann immer möglich, sich anzupassen. Mit dem Anliegen, ihm aus seiner Abhängigkeit herauszuhelfen, kam er zu mir. Von Anfang an war für mich seine starke Persönlichkeit sichtbar, die jedoch von Ängsten überlagert war. Reinhard unterdrückte sich, lebte in der Schwäche und hatte Mühe, die alltäglichen Aufgaben zu erfüllen.

Die Bereitschaft, an sich zu arbeiten, und sein Vertrauen in den Atemprozeß veränderten sein Leben in kürzester Zeit. Es war wunderschön zu sehen, wie er immer mehr aus sich herauskam und für sich einzustehen lernte. Nun erzählt Reinhard:

Im Juni 1995 spürte ich, daß ich etwas tun mußte. Meine unbewältigten Probleme und Konflikte wurden mir immer bewußter. Ich fühlte mich unsicher und innerlich verkrampft. Obwohl ich schon 35 Jahre alt war, wohnte ich immer noch bei meinen Eltern. Ich schaffte die Ablösung vom Elternhaus nicht. Anfang 1989 wollte ich das erste Mal von zu Hause ausziehen. Die Entscheidung, allein in einer Wohnung zu leben, löste soviel Angst aus, daß ich nicht mehr schlafen konnte. Ich fürchtete, wahnsinnig zu werden. Auf Anraten eines Psychiaters nahm ich Medikamente. Ende desselben Jahres versuchte ich nochmals, von zu Hause auszuziehen. Nach vier Monaten kehrte ich aber aufgrund der immer stärker werdenden Angst zu meinen Eltern zurück. Während sechs Jahren nahm ich Medikamente, weil ich nicht schlafen konnte. Mehrmals versuchte ich, mich aus der Medikamentenabhängigkeit zu befreien, was ich allein aber nicht schaffte.

Am 11. 7. 1995 hatte ich meine erste Atemtherapiesitzung. Jetzt begann ein langer, harter Aufarbeitungs- und Integrationsprozeß. Es gab Sitzungen, in denen ich nur weinte. Ich verspürte unendlich viel Trauer, Leid und Schmerz. Dann wieder hatte ich Angst, so große Angst, daß ich schrie. In anderen Sitzungen brach eine unge-

heure Wut und Aggression in mir auf. Ich ließ den Aggressionen frei-en Lauf und schlug mit der Faust auf die Matte, bis ich vor Er-schöpfung nicht mehr konnte. Manchmal wälzte ich mich hin und her und landete in einer Art »Kauerstellung«. Plötzlich überfiel mich Jähzorn, und ich sprang in dieser Haltung dauernd auf und ab. Ich mußte diesem Impuls folgen. Dazwischen gab es immer wie-der Sitzungen, in denen ich nur Leid, Trauer und Schmerz spürte und fast die ganze Sitzung weinte.

Im April 1996 war ich mit der »Jahresgruppe« bei einem ein-wöchigen Seminar. Diese Seminargruppe traf sich seit September 1995 einmal im Monat an einem Wochenende mit dem Schwer-punkt Integrations-Atmen. Gleich zu Beginn des Seminars sprach mich Christine an, ob ich diese Gelegenheit nutzen wolle, um von den Medikamenten wegzukommen. Ich setzte die Medikamente ab. Angst brach in mir auf, und ich konnte nicht einschlafen. Der an-haltende Schlafmangel erschöpfte mich. Am vorletzten Tag des Se-minars war ich so verzweifelt, daß ich nach Hause fahren und Me-dikamente nehmen wollte, um endlich wieder einmal schlafen zu können. Ich teilte das der Gruppe mit, und dann passierte ein Schlüsselerlebnis. Trotz meiner völligen Verzweiflung verspürte ich die emotionale Zuwendung der Gruppe: Liebe, Trost, Mut. Etwas geschah in mir. Ich möchte es so beschreiben: »Wie wenn ich ein Stück tiefer in mich eingebrochen wäre.« Ich fühlte mich ruhiger und konnte in der folgenden Nacht ein wenig schlafen. Ich brauchte die Medikamente nicht mehr. Alleine hätte ich das nicht geschafft. Im September 1996 zog ich von zu Hause aus. Ich bewältigte den Ab-lösungsprozeß von meinen Eltern ohne große Schwierigkeiten.

Insgesamt hatte ich drei Einzelsitzungen und 30 in der Gruppe. Durch das Atmen fand ich den Zugang zu verdrängten und aufge-stauten Gefühlen und hatte in einer geschützten Situation die Mög-lichkeit, sie »auszuleben«. Dadurch kam ich mir selber näher. Jetzt bin ich »tiefer« in mir und erlebe mich selbstsicherer und selbstbe-wußter. Ich kann meine Gefühle besser wahrnehmen und äußern. Ich erkenne und verwirkliche meine Aufgaben und meinen Weg, wo *es möglich ist. Es war eine schwierige Zeit, soviel Verdrängtes ins Bewußtsein kommen zu lassen und aufzuarbeiten. Aber es hat sich gelohnt, und ich bin froh, daß ich diese Schritte gemacht habe. Ohne diesen Prozeß wäre ich nicht der Mensch, der ich heute bin.*

Die Reinigung und Klärung

Wir sind der Ausdruck unserer Vergangenheit, sozusagen das *Produkt* unserer Vorfahren, des Umfeldes und unseres eigenen *Tuns*, nicht nur aus diesem Leben, sondern aus allen vergangenen Leben und den daraus entstandenen Seelenanteilen.

Wie ich mich fühle, wie ich denke, die Verfassung des Körpers, meine Lebenssituation und meine Mitmenschen sind nicht zufällig. Es hat alles mit mir und meiner Wahl zu tun.

Was ist, wenn das Leben schwer ist? Meist plagen uns Trauer, Schmerz, Ohnmacht oder die verschiedensten Ängste. Wir sind vom Leid gezeichnet und schleppen die unverarbeiteten Altlasten wie einen großen Rucksack mit uns herum. Je älter wir werden, desto schwerer wird das Gepäck. Wir gewöhnen uns an die Last, »beißen die Zähne zusammen« und tragen sie »tapfer« bis zum Kollaps weiter. Das *Er-tragen* wird zur Selbstverständlichkeit. Daß unser Heldentum ein großes Mißverständnis sein könnte und mit Angst vor der Wahrheit zu tun hat, wagen wir nicht zu denken.

Die Altlasten können nicht im Schnellverfahren auf die Müllhalde gekippt werden. Wir müssen sie anschauen und als Lebenserfahrungen integrieren. Tun wir das nicht, nehmen wir uns die Wachstumschance und werden mit zunehmendem Alter frustriert und verbittert.

Das muß nicht sein. Sich zu reinigen und zu klären, sollte eine Selbstverständlichkeit sein, jedoch nicht nur eine äußerliche! Die Kompensation kennen wir: alles soll »ultra weiß«, »ultra light« und möglichst steril sein. Wir versuchen damit, das Unreine und Schwere in uns zu überdecken.

In den Religionen sehen wir den reinigenden Aspekt in der Beichte, der Buße, im Opfer und in verschiedenen Ritualen. Wir, in den westlichen Kulturen, haben leider verlernt, Körper, Gefühle, Geist und Seele im Zusammenhang zu reinigen und zu pflegen.

Die Kraft des intensiven Atmens ist eine der stärksten Methoden zur Reinigung und Klärung des Menschen. Der Stoffwechsel und die Ausscheidung des Körpers werden angeregt. Parallel dazu lösen sich blockierte Gefühle und alte Gedankenstrukturen. Die Menschen legen ihr wahres Potential und Licht frei und beginnen zu strahlen.

Jasmine ist in einer Großfamilie in einer ländlichen Gegend aufgewachsen. Als ich sie kennenlernte, war sie nach außen hin eine selbstbewußte Frau, die sehr auf ihren Körper achtete. Sie ernährte sich vegetarisch und legte viel Wert auf schöne Dinge. Im folgenden erzählt sie, wie sie sich durch das Atmen reinigen und klären konnte:

»Atme ... atme weiter ... tiefer ... noch tiefer ..., der Atem bringt dich überall durch.« *Mit diesen Worten hat mich Christine immer wieder motiviert, mich auf meinen Atem, auf den Lebensprozeß, der gerade in mir und um mich herum tobte, einzulassen.*

Schon seit Jahren bringt mich mein Atem überall durch. Dank der liebevollen und erfahrenen Begleitung trat ich mit mir und meinen unbewußten Anteilen in Kontakt. Schritt für Schritt begriff ich die Zusammenhänge und Ursachen meiner Lebenssituation und meiner Probleme. Vor etwa sieben Jahren begann ich mit Atemsitzungen. Ich litt damals unter meiner unreinen Gesichtshaut.

Alle Heilmittel, von selbstgerührten Kräutersalben bis zu schulmedizinischen Behandlungen, probierte ich aus, doch nichts half. Von der Pubertät bis zum 35. Lebensjahr Akne zu ertragen, war ein langer Leidensweg. Ich fand mich nicht schön genug. Manchmal hatte ich eine so entzündete Haut, daß ich nicht außer Haus ging.

Hätte mir jemand vor der ersten Atemsitzung erzählt, wohin mich mein eigener Atem führen würde, hätte ich kein Wort geglaubt. Ich erlebte Gefühle von Schmerz, Trauer, Wut, Zorn, Macht und Ohnmacht, Angst, Einsamkeit und Erschöpfung, aber auch Glück, Freude, Ruhe, Frieden, Euphorie, Ekstase, Liebe und Aussöhnung mit mir und anderen. Ich konnte kaum glauben, was alles in meinem Unbewußten abgelagert war. Die tiefen Gefühlserlebnisse und Seelenbilder, die ich erlebte, weckten in mir ein neues, bewußteres Lebensgefühl.

Ich entdeckte, daß meine äußere Welt und das, was mir begegnete, ein getreues Abbild, ein Spiegel meines Seelenzustandes war und ist. Was ich während Atemsitzungen anschauen, erfühlen und aufarbeiten konnte, zeigte sich in meiner Lebenssituation bestätigt. So fand ich mit dem nochmaligen, bewußten Durchleben meiner Geburt, die mit riesiger Angst besetzt war und dem Durchleben meiner traumatischen Kindheit, einen neuen, achtsameren und ehrlicheren Zugang zu meinen Eltern. Allmählich verstand ich, warum ich gerade diese Familie und dieses Umfeld gewählt hatte.

Das Atmen half mir, in schweren Krisen den Schmerz nicht zu verdrängen. Ich ging durch ihn hindurch, erlebte ihn in seiner Lebendigkeit und konnte schließlich loslassen. Ich erkannte meine »Hartnäckigkeit«, mein krampfhaftes Festhalten an überholten Lebensmustern. Ich sah wie die Angst mir in den Knochen steckte, Angst, mich fürs Neue und Unbekannte zu öffnen. Manche Heilungsprozesse dauerten länger und manche kürzer. Manchmal brauchte ich eine und manchmal drei Sitzungen, bis ich das Neue im Leben umsetzen konnte. Lebendigkeit, Selbstvertrauen und Lebensfreude prägten wieder mein Tun. Ich konnte mein Leben gelassener gestalten, bis sich die nächste Thematik ankündigte. Dann reifte wieder etwas in mir heran und forderte mich auf, durch den Atem etwas tiefer und genauer »hinzusehen«.

Ich durfte viele Schlüsselerlebnisse erfahren: in Einzelsitzungen, in der Gruppensituation und während der intensiven Integrations-Training-Ausbildung. Jede Stunde war durch die eigene Atembrücke komplex, ganzheitlich erfahrbar, wie ich es nie in anderen Therapieformen erlebte. Es war mir möglich, blockierte Energie freizusetzen. Ich erkannte den roten Faden, der sich aus früheren Existenzen bis in die Gegenwart zieht. Er führte mich in erschreckende Traumata von Folter, Vergewaltigung, Mord und Demütigungen jeglicher Art. Unvorstellbar, wie schmerzhaft tief diese Energie festsaß. In der Entspannungsphase breiteten sich lichtvolle Freude und Erleichterung mit Aha-Erlebnissen in mir aus. Es war eine lange Reise, bis sich Täter und Opfer in mir vereinten.

Immer wieder wurde ich mit meiner Wertlosigkeit konfrontiert. Vor allem zeigten mir meine verschiedenen Partner, daß ich, so wie ich bin, nicht gut genug war. Jahrzehntelang kämpfte ich um Liebe und Anerkennung, eigentlich seit meiner Geburt. Aber mein tiefverankertes, unbewußtes Muster, daß ich nicht wert war, geliebt zu werden, bestätigte sich laufend. Ich kämpfte gegen mich selbst. Ich fühlte mich extrem ausgeliefert, abhängig und fiel in totale Erschöpfungszustände.

Als mich das Atmen durch diese Ohnmacht führte, erlebte ich zum ersten Mal meine versteckten Machtanteile. Ich erkannte, daß Macht und Ohnmacht dasselbe Thema sind und lernte damit umzugehen.

Eine große Hilfe war mir das Atmen bei schmerzhaften Trennungen von geliebten Menschen. Ich erfuhr eine Bodenlosigkeit, ein inneres Sterben und eine Trauer, die kaum zu ertragen war. Ich leistete Trauerarbeit, indem ich durch den Schmerz atmete, ihn aus mir herausschrie und ein Tränenmeer weinte. Danach war ich fähig, neu anzufangen und mich wieder zu öffnen.

Immer besser spüre ich, in welche Körperregionen die gestaute Gefühlsenergie sich flüchtet und welche Signale meine Symptome mir geben. Dann atme ich genau in diese Stellen hinein. Der Schmerz steigt als verdrängtes Gefühl ins Bewußtsein und löst sich auf.

Einmal hatte ich eine plötzlich auftretende Kolik. Ich atmete in meinen Bauch, hatte aber schreckliche Angst und glaubte, einen Notarzt rufen zu müssen. Ich atmete weiter, und nach zehn Minuten kam eine rasende Wut und Aggression in mein Bewußtsein. Ich schrie in ein Kissen hinein. Da löste sich der Schmerz so schnell auf, wie er gekommen war und kam nie wieder.

Ich wage zu behaupten, daß ich ohne die Hilfe des Integrations-Atmens und die liebevolle Begleitung, die ich erfahren durfte, schon längst schwer krank oder wer weiß wo gelandet wäre. Mein Gesundheitszustand ist hervorragend, und meine Gesichtshaut hat sich von innen heraus geklärt. Ich bin mir und anderen gegenüber sensibler geworden. Mein tiefliegendes Gefühl der Wertlosigkeit wandelt sich immer mehr zu einer gesunden Eigenliebe. Ich lerne zu unterscheiden, was stimmig für mich ist und was nicht. Die unbeschreiblich schönen Lichterfahrungen während der Sitzungen haben mir einen neuen, fest verankerten Zugang zur göttlichen Energiequelle eröffnet.

Seit ich weiß, daß mein Atem mich überall durchbringt, wie schwer es auch sein mag, packe ich mein Leben »frohen Mutes« an, entwickle mich Schritt für Schritt weiter und werde authentischer.

Die Integration abgespaltener Anteile

Verschiedenste Umstände können verursachen, daß wir im Laufe des Lebens persönliche Anteile abspalten. Die Erziehung, das soziale Umfeld mit seinem Wertsystem und die persönlichen Erfahrungen suggerieren uns ein *Wunschbild*, dem wir entsprechen möchten. Weicht dieses Bild stark von uns ab, kann dies zur Abspaltung persönlicher Anteile führen.

Sind Menschen beispielsweise der Überzeugung, daß ihre Widerstände, Abwehr und Aggressionen schlecht sind, werden die Betreffenden versuchen, speziell freundlich, liebevoll und wohlwollend zu sein. Bittet jemand diese Menschen um einen Gefallen, so ist es ihnen nicht möglich, nein zu sagen. Es kann soweit führen, daß sie sich ausnutzen und mißbrauchen lassen. Sie wollen immer *besonders lieb sein. Das Böse* ist abgespalten. Die Wahrscheinlichkeit ist groß, daß sie Menschen um sich haben, die scheinbar *böse* sind und ihnen Böses antun wollen. Gelingt es nicht, sich zu wehren, werden sie unter der Außenwelt leiden. Die Gefahr besteht, daß Krankheitsbilder entstehen oder sie in Abhängigkeiten geraten.

Das Atmen konfrontiert uns mit den abgespaltenen Anteilen. Uns wird bewußt, daß wir nicht nur einen Pol in uns haben. Wir kommen mit dem verdrängten Anteil in Kontakt und lernen mit ihm umzugehen.

Als ich Amanda kennenlernte, war sie zurückhaltend bis scheu. Körperlich wirkte sie eher männlich. Sie hatte als Lehrerin massive Probleme mit ihren Schülern. Der Unterricht war ein täglicher Kampf. Durch ihre zurückhaltende Art war sie den pubertierenden Jugendlichen unterlegen. Im Laufe der Sitzungen wurde sichtbar, daß Amanda im Verhaltensmuster der Dienenden lebte. Mit sich selbst war sie streng und diszipliniert.

Im folgenden schildert Amanda ihren Entwicklungsprozeß. Die beschriebene Sitzung führten wir vor der Gruppe eines Integrations-Trainings durch. Ich demonstrierte den Teilnehmenden, wie mit einem abgespaltenen Anteil gearbeitet werden kann, indem man ihn benennt, sich mit ihm auseinandersetzt und somit integriert. Ich wußte, daß Amanda einen solchen Anteil hatte und fragte sie, ob sie die Sitzung machen wollte. Das Protokoll stammt von einer Ausbildungsteilnehmerin. Bei diesem Beispiel ist gut sichtbar, wie ich als Begleiterin nicht aktiv in den Prozeß eingreife. Durch Fragen und aufmerksames Mitgehen führe ich

Amanda selbst in die aktive, persönliche Auseinandersetzung. Die Sitzung fand im Liegen mit geschlossenen Augen statt und dauerte etwa eine Stunde. Nun ihre Schilderung:

Von mehreren Geschwistern waren zwei meiner Brüder problematisch. Ich stand dazwischen und durfte nicht auch noch schwierig sein. »Amanda mach! Amanda hol! Amanda tu!« Ich war die Magd. Alles machte ich, um Liebe und Anerkennung zu bekommen. Liebesverlust verursachte mir existentielle Ängste. In der Rolle der Dienenden bewegte ich mich auch als erwachsene Frau. Mir selbst gönnte ich kaum etwas, für alle anderen war ich verfügbar, war die hilfsbereite, die liebe. Doch monatlich litt ich unter Migräne und heftigen Menstruationsbeschwerden und mußte mich zurückziehen. Worunter ich zudem litt, war mein Fingernägelkauen, was ich auch im Erwachsenenalter nicht lassen konnte. Forderten meine Mitmenschen von mir insgeheim eine Auseinandersetzung, eine Abgrenzung oder gar eine gesunde Aggression, wurde ich selbstzerstörerisch.

Immer wieder erlebte ich als Lehrerin disziplinarische Probleme. Vor mehreren Jahren betrat ich nach den Sommerferien, gut erholt und gut vorbereitet, das Klassenzimmer. Die Stunden verliefen chaotisch. Es gelang meinen Schülern und Schülerinnen, mich mit ihren Provokationen auf die offene Kampfebene zu holen, und ich explodierte.

Das bewog mich, bei Christine anzuklopfen. Ich erzählte ihr von meiner Schulsituation.

Bereits die erste Atemsitzung brachte eine Lawine ins Rollen. Mir wurde klar, wie einsam ich war und daß ich eine immer dickere Mauer um mich baute. Ich hatte Angst, eine neue Beziehung einzugehen und fand den Zusammenhang im frühen Tod meines Vaters. Als Kind litt ich nach seinem Tod extrem unter den Verlassenheitsgefühlen, die sich unbewußt immer wieder in der Gegenwart aktivierten. Bedürfnisse nach Nähe und Zärtlichkeit wies ich von mir: lieber einsam sein, als wieder verlassen zu werden. Durch das Atmen erfaßte ich diesen Zusammenhang und spürte im gleichen

Moment, wie sehr ich mich nach Nähe und Zärtlichkeit sehnte. Ich erlebte meine Bedürfnisse so stark, daß ich einem seit lange in Liebe verbundenen Freund endlich die Arme öffnete. Ein wunderbares Erlebnis!

Was nach dieser ersten Sitzung folgte, gab mir Vertrauen in das Integrations-Atmen. Regelmäßig besuchte ich Gruppen- oder nahm Einzelsitzungen. Inzwischen habe ich viele Atemsitzungen erlebt.

In den Schulkindern hatte ich für mein Gefühl »kleine, erbarmungslose Teufel« um mich. Ich mußte mir eingestehen, daß sie ungelebte und abgespaltene Anteile von mir zum Ausdruck brachten. In einer Schlüsselsitzung erlebte ich mein Aggressionspotential als teuflische Gestalt, die es in den Arm zu nehmen galt. Meine innere Tendenz, immer die liebe zu sein, machte es mir unendlich schwer, die Herausforderungen des Lebens anzunehmen und durchzugreifen. Für die Klasse nicht sichtbare Videoaufnahmen von meinem Schulunterricht führten mir vor Augen, daß die Kinder mich fertig machen wollten. Das war ein Schock. Ich schöpfte daraus jedoch die Kraft, klare Grenzen zu setzen, Maßnahmen anzukündigen und durchzuführen. Dabei erlebte ich mich als die böse, wagte es aber, von der Seite der Ohnmacht auf die Seite der Macht zu wechseln. Ich war nicht mehr länger das Opfer. Durch die Integration dieses Schattenanteils begann ich mein Aggressionspotential auf fruchtbare Weise in Standfestigkeit und Kraft umzusetzen. Ich gab den Kindern Strukturen vor, die sie einzuhalten hatten. Die Rolle der Dienenden begann sich langsam von mir abzulösen. Ich mußte mich neu orientieren, weil es nicht meiner Berufung entsprach, in der Institution »Schule« Lehrerin zu sein. Ich sehnte mich danach, für mich allein kreativ zu sein. Die Rolle »Magd für alle anderen« war ausgespielt. Indem ich mich nicht weiter ausbeuten ließ und mehr Sorge für mich trug, verschwanden die Migräneanfälle. Die Menstruationsbeschwerden haben jetzt ein erträgliches Maß, sind wie ein Mahnmal, mich nicht zu verausgaben. Kaue ich hin und wieder an meinen Nägeln, werden mir daran seelische Spannungen bewußt.

In der Ausbildungsgruppe fragte mich Christine, ob ich Interesse hätte, mich für eine Demonstrations-Sitzung zur Verfügung zu stellen. Was sich in dieser Sitzung herauskristallisierte, war die Thematik der Kälte.

Im folgenden die Aufzeichnung:

Christine: Geh mit deinem Bewußtsein in deine Füße. Die Fußchakren öffnen sich, und durch sie fließt Licht in die Füße, bis zu den Fußgelenken. Immer mehr Licht fließt durch deine Fußchakren weiter in die Waden, die Schienbeine, die Knie und die Oberschenkel. Es wird angenehm warm. Das Licht fließt weiter durch die Oberschenkel in das Becken und in die Genitalien. Der ganze Unterkörper wird hell und strahlend. Immer mehr Licht fließt in den Rücken, den Bauch und in alle Organe. Deine Schultern werden hell und stahlend, alle Belastungen fließen ab. Das Licht fließt in die Oberarme, durch die Unterarme in deine Hände. Nun strömt es durch deinen Nacken und Hals in den Kopf. Die Gesichtsmuskeln entspannen sich.

Gib dein ganzes Körpergewicht an die Unterlage ab. Dein Körper ist weich, warm und entspannt. Du liegst in einem hellen Lichtei, bist wie ein Küken im Ei. Das Ei hat eine Schale, durch diese Schale kann nur eindringen, was heilsam für dich ist. Alles andere prallt ab. Du bist absolut geschützt und geborgen.

Schau in deinen Körper, ob du irgendwo eine Stelle findest, die nicht zu dir gehört. Schau dich um, und sag mir, wenn du etwas gefunden hast. Spürst du einen Druck oder Spannung?

Amanda: Im rechten Oberschenkel. Es spannt.

Christine: Wie fühlt es sich an?

Amanda: Es klammert.

Christine: Wie fühlt sich das Klammern an?

Amanda: Es saugt.

Christine: Was saugt es?

Amanda: Es saugt an mir.

Christine: Kannst Du es beschreiben?

Amanda weint.

Christine: Ja?

Amanda: Es zieht sich fest. Ist kalt und schwarz.
Es läßt mich nicht los.

Christine: Was fühlst du, wenn es dich nicht losläßt?

Amanda: Ich bin kalt.

Christine: Was bringt dir die Kälte?

Amanda: Niemand kommt an mich heran.

Christine: Warum läßt du niemanden an dich heran?

Amanda: Mein Schutz!

Christine: Wovor?
Schützt du dich vor Nähe?
Vor Wärme?
Willst du das nicht?

Amanda: Nein!

Christine: Warum nicht?

Amanda: Ich will kalt sein.

Christine: Warum willst du kalt sein?

Amanda: Dann erreicht mich niemand.

Christine: Ist das nicht einsam in dieser Kälte?

Amanda: Dann tut nichts mehr weh.

Christine: Hat es einmal fest weh getan?

Amanda: Ja.

Christine: Und deine Sehnsucht nach Nähe?

Amanda: Dann bin ich wieder verletzbar.
Ich will lieber eisige Kälte.
Ich bin die Kälte!

Christine:	*Wofür brauchst du die Kälte?*
Amanda:	*Zum Schutz.*
Christine:	*Wovor?*
Amanda:	*Zum Schutz vor Wärme.*
Christine:	*Warum vor Wärme schützen?*
Amanda:	*Wärme verbrennt.*
Christine:	*Ist sie so heiß?*
Amanda:	*Wie die Kälte! Laß mich in Ruhe!*
Christine:	*Wie ist es in der Kälte?*
Amanda:	*Weiß, starr, blau, öd!*
Christine:	*Gibt es dort Gefühle?*
Amanda:	*Nein!*
	Nur Kälte und Eis.
Christine:	*Hast du einmal Gefühle gehabt?*
Amanda:	*Ja.*
Christine:	*Wie waren die Gefühle?*
	Erinnere dich an die Gefühle und beschreibe sie.

Amanda weint und atmet tief.

Christine:	*Was waren das für Gefühle?*
Amanda:	*Heiß ist es.*
Christine:	*Haben sie dich verbrannt?*
	Heiß und schmerzhaft?

Amanda weint.

Christine:	*Ja! Ich verstehe dich.*
	Was hat dich verbrannt?
	So brutal verbrannt?
Amanda:	*Es ist die Hölle.*

Amanda schreit auf.

Christine:	*Atme schneller.*

Amanda atmet schneller.

Christine:	*Wie fühlst du dich jetzt?*
Amanda:	*Leichter!*
Christine:	*Willst du jetzt in die Wärme?*
	Traust du dich?

Amanda schweigt lange.

Christine: *Ja?*
                 Was empfindest du?
Amanda: *Ich brauche Schutz.*
Christine: *Ist die Kälte noch da?*
Amanda: *Hilf mir!*
Christine: *Wie kann ich dir helfen?*
Amanda: *Licht!*
Christine: *Siehst du den Lichtpunkt?*
Amanda: *Ja!*
Christine: *Laß den Punkt größer werden.*
                 Atme ihn ein.

Amanda atmet stark.

Christine: *Atme ihn in deinen Körper.*
                 Siehst du das Licht größer werden?
Amanda: *Ja.*
Christine: *Hol dir das Licht.*
                 Alles ist für dich da.
                 Spürst du die Wärme, die mit dem Licht
                 kommt?
Amanda: *Ja.*
Christine: *Kannst du die Wärme annehmen?*
Amanda: *Ja.*
Christine: *Und die Kälte?*
Amanda: *Sie geht.*
                 Sie geht zu den Füßen hinaus.
Christine: *Ist die Kälte fort?*
Amanda: *Ja.*

Amanda weint.

Amanda: *Ich war so allein. Ich brauche dich.*
Christine hält Amanda fest.

Nach dieser Sitzung fiel mir auf, daß ich nicht mehr unter kalten Füßen und schweißig-kalten Händen litt. Ich wurde warm und weich und begann mich an meinem Frausein zu freuen.

Dank des Integrations-Atmens konnte ich die Mauern um mich fallen lassen. Es ist mir jetzt eher möglich, um Hilfe zu bitten und meine Bedürfnisse nach Nähe und Zärtlichkeit auszudrükken. Ich brauche meine Gefühle nicht mehr in die Kälte zu schikken.

Christines Liebe und ihr Glaube in mich, ihr Verständnis, ihre Begleitung durch diese Hölle der Kälte haben mir geholfen, Selbstvertrauen und Selbstakzeptanz aufzubauen. Daß Christine mir vertraute, gab mir den Mut, mich aufs Leben und die Liebe einzulassen.

Die Aufarbeitung sexueller Übergriffe

Sexuelle Übergriffe und Inzest sind auch heute noch Tabuthemen. Erschreckend viele Frauen und auch Männer haben sexuelle Ausbeutung erlebt und können sie nicht verarbeiten. Scham, Angst und diffuse Schuldgefühle hindern die Betroffenen, darüber zu sprechen. Als dunklen, abgespaltenen Teil tragen sie dieses Trauma ein Leben lang in sich. Auch ins Unbewußte verdrängt, wirkt es weiter.

Es ist möglich, sich von der Last dieser erdrückenden Erfahrung zu befreien. Menschen mit solchen Erfahrungen brauchen von ihrem Gegenüber Einfühlungsvermögen, Sicherheit und Geduld. Entscheidend ist die Fähigkeit der Begleiterin oder des Begleiters, mit ihnen in die Erinnerung des sexuellen Übergriffs hineinzugehen, ihnen Schritt für Schritt bei der Aufarbeitung beizustehen, sie sozusagen emotional zu reanimieren, um sie aus der Vereisung herauszulösen.

Den Täter anzuklagen, kann eine notwendige Zwischenphase sein. Weit wichtiger aber ist es, daß mißbrauchte Menschen sich der eigenen Persönlichkeit bewußt werden. Denn die Opfer tragen auch die Anlage zur Täterschaft in sich. Unbewußt schlummert in ihnen ein Machtpotential. Durch ihre Erfahrung wurden sie aber auf die Seite der Ohnmacht gestoßen. Es ist keine leichte Aufgabe, den machtvollen Anteil in ihnen zu wecken, damit sie lernen, sich in der Mitte auszubalancieren.

Simone hat sich bereit erklärt, ihre Geschichte aufzuschreiben. Mit ihrer Schilderung möchte sie allen Menschen, die sexuelle Übergriffe erlebt haben, Mut machen, das Schweigen zu brechen und die Aufarbeitung in Angriff zu nehmen. Gelingt es, den Täter zu stellen, wird ihm das Fortsetzen des Mißbrauchs durch das Öffentlichwerden, und sei es nur im Familienkreis, erschwert, im besten Fall unmöglich gemacht. Eine wirkliche Heilung der Täter kann nur geschehen, wenn sie ihre eigene Geschichte in einer Therapie aufarbeiten.

Simone hat es aus eigenem Antrieb geschafft, den konfrontierenden Weg zu gehen. Jetzt führt sie ein zufriedenes Leben. Ihre Erlebnisse gehören zu ihrem Reifungsprozeß und ihrer Persönlichkeit.

Simone wuchs in einem Bergdorf, in einer Großfamilie mit sechs Brüdern auf. Bis zu ihrem Wegzug von zu Hause litt sie unter Asthma. Lesen Sie ihre Schilderung:

Jetzt verstehe ich einiges besser. Es gab eine Zeit, als ich etwa 20 Jahre alt war, da schnitt ich mit Rasierklingen kleine Muster in meine Hände. Der Schmerz und das fließende Blut sagten mir, daß ich lebte und daß es mich gab. Meist schnitt ich mich nach einer Enttäuschung, um mir zu beweisen, daß ich wirklich enttäuscht war, daß ich es mir nicht nur einbilde.

Ich habe nie verdrängt, daß einer meiner Brüder mich über Jahre hinweg sexuell mißbraucht hat. Es war mir stets bewußt. Wenn

80

ich im Erwachsenenalter ausnahmsweise darüber sprach, tat ich es in kaschierter Form. Daß es der eigene Bruder war, verschwieg ich. Ein Gefühl von Familienschande hätte sich damit verbunden. Einen Fremden als Übeltäter hinzustellen, klang nach unglücklichem Schicksal. Den eigenen Bruder, den Sohn meiner Eltern, als Kriminellen zu identifizieren, hätte meine eigenen Wurzeln und den Heimatboden krank, ja verseucht hingestellt.

Meine Eltern und meine anderen Brüder haben nicht geahnt, was im Keller vor sich ging, sind nicht eingeschritten. Hätten sie es ahnen können? Ich nenne den besagten Bruder Sigurt. Er war schlau, durchtrieben. Er versprach, mich zu schützen: denn ein anderer Bruder schlug mich und sperrte mich ein – immer mit der Androhung, wenn ich meinen Eltern etwas sagen würde, bekäme ich noch mehr Schläge. Das glaubte ich und schwieg. Sigurt schlug mich auch, er war sechzehn Jahre älter als ich und oft unglücklich verliebt. An einem Tag sagte er, er werde mein Beschützer und begann mit seinem großen Taschentuch meine Tränen abzutrocknen. Er nahm mich immer fester in seine Arme. Ich war ungefähr zehn oder elf. Er verfolgte mein Wachstum mit offenen Augen und tastenden Fingern. Als meine Menstruation begann, besorgte er Tampons, klärte mich über alles auf. Er wollte, daß auch ich ihn überall berühre. Die Sache zwischen seinen Beinen mußte ich halten und drücken. Als ich ungefähr dreizehn war, begann er, seine Sache in mich hineinzuschieben. Er nannte mir die Zeit, wann ich im Keller zu sein hatte. Ich mußte eine leere Flasche mitnehmen und eine volle bereitstellen. Im Falle, daß meine Mutter etwas gehört hätte, hätte ich sagen müssen: »Ich habe Durst gehabt und habe etwas zu trinken geholt«. Meine Mutter hat aber nie etwas gehört, nie etwas gefragt. Im Keller hat er seine Sache mit mir gemacht und gesagt, ich sei seine Traumfrau und solle mich auch bewegen. Er sagte auch, das sei ein wunderbares Geheimnis, das wir miteinander hätten. Manchmal mußte ich zweimal pro Woche im Keller sein. Das ging länger als ein Jahr. Es kam auch vor, daß er an mein Fenster klopfte und in mein Bett stieg. Wenn niemand im

Haus war, wollte er es während des Tages haben, auf irgendeinem Bett oder Sofa. Ich habe gemacht, was er wollte und habe gewartet, bis er ging. Ich habe nie gewußt, woher er kommt und wann. Das war das Schlimmste. Am schönsten war es, wenn er ging. Dann konnte ich damit rechnen, zwei, drei Tage Ruhe vor ihm zu haben.

Ich war etwa vierzehn, als sein Pariser zerplatzte. Die Periode blieb aus. Meine Angst, schwanger zu sein, gab mir die Kraft ihm zu sagen, daß ich jetzt nicht mehr wollte. Er besorgte mir eine dicke, schwarze Flüssigkeit, von einem Mann, der mehr konnte. Diese Flüssigkeit war so schlimm einzunehmen, daß ich mich noch heute an ihren Geschmack erinnere. Die Periode setzte ein, als ich in der Schule war. Ich durfte nach Hause gehen, erreichte mein Zimmer und wurde ohnmächtig. Meine Mutter wunderte sich, gab sich aber zufrieden mit der Aussage, ich hätte starke Bauchschmerzen. Sigurt ließ mich von da an in Ruhe. Noch als erwachsene Frau sagte ich, er sei mein Lieblingsbruder.

Scheinbar reichte meine Intelligenz, um unauffällig durch die Schulen zu kommen. Manchmal wurde ich gerügt, ich solle nicht den Clown spielen. Zu Hause hörte ich klassische Musik. Sie trug meine Seele an einen beschützten, geborgenen Ort, an dem mir nichts passieren konnte. Ab dem zwölften Lebensjahr hatte ich Selbstmordgedanken: irgendwo hinunterspringen oder die Pulsadern aufschneiden. Ich wollte mit meinem Körper nichts zu tun haben. Aber ich dachte, ich könne es meiner Mutter nicht antun und wollte warten, bis sie sterbe. Mit dreißig würde ich entscheiden, ob sich das Ganze lohne, dann sei ich frei, egal ob meine Mutter noch lebe oder nicht.

Ich machte eine Gesprächs-, dann eine Gestalttherapie. Die Schnitte auf meinen Händen fand ich eigenartig. Die Gefühlskälte, mit der ich mich schnitt, nur um zu sehen, ob es mich gab, erstaunte mich. Die Therapien taten mir gut, weil die Therapeutinnen sich Zeit für mich nahmen und mir zuhörten. Aber die Inzestgeschichte verschwieg ich.

Scheinbar wirkte ich auf die Menschen robust und spontan. Ich wunderte mich, daß man mir eine glücklich behütete Kindheit zutraute. Auf solche Äußerungen reagierte ich mit einem geheimen Gefühl der Verachtung: »Wenn ihr wüßtet!« Zwar war ich an meinen Seinszustand gewöhnt, fand ihn aber nicht befriedigend. In keiner Nacht konnte ich durchschlafen, erwachte fast stündlich, irrte durch die Wohnung und aß etwas. Tagsüber fühlte ich mich wie verschleiert, einfach nie ganz da. Meine längste Beziehung dauerte drei Monate. Ich schwor auf mein Singledasein. Ein schönes Erlebnis war, als mir eine Frau eine behutsame, zärtliche Sexualität eröffnete. Doch auch mit ihr war ich nicht beziehungsfähig. Ich hatte abwechslungsweise Romanzen mit Frauen und mit Männern. Ich holte mir für eine oder zwei Nächte etwas Nähe und Geborgenheit. Meine Devise lautete: Ich brauche nichts und niemanden.

Meine Mutter starb, bevor ich dreißig war. Die Frage, ob ich mich jetzt umbringen wollte, stellte sich mit Vehemenz. Der Reinkarnationsgedanke behütete mich vor Selbstmord.

Ich wurde schwanger. Daß ein Wesen mich als Mutter wählte, sich mir anvertraute, war überwältigend. Eine Weichheit wob sich in mein Gemüt und meine Seele blinzelte mich aus Wolkenferne an. Durch mein Kind erfuhr ich eine konkrete Bejahung und eine Lebensberechtigung, die mich stärkte. Es war meine erste nahe Beziehung, aus der ich nicht davonlief, mit der ich langsam und sachte wachsen konnte.

Als Kleinkind mußte meine Tochter einen Krankenhausaufenthalt über sich ergehen lassen. Ich war bei ihr und verbrachte diese Zeit wie in einem Alptraum. Vor dem Integrations-Atmen konnte ich nur in extremen Ausnahmezuständen weinen, wütend sein oder um Hilfe bitten. Im Krankenhaus geriet ich gleichsam in Trance. Ich dachte, es könnte erleichternd sein, zu weinen. Aber ich konnte es nicht.

Bald nach diesem Erlebnis sah ich Christine zum ersten Mal. Sie hieß Dr. Rüdiger Dahlke vor einem Vortrag willkommen. »Zu dieser Frau ginge ich gerne in Therapie«, sagte ich zu einer Freundin, die neben mir saß.

In der ersten Atemsitzung erlebte ich mich als Seele, die sich scheut, sich mit dem heranreifenden Embryo zu verbinden. Ein angstvolles Nein zu dieser Inkarnation trug ich mit nach Hause. Christine empfahl: »Gib diesem ›Nein‹ Raum.« Vor der nächsten Sitzung träumte ich, ich sei in einer stürmischen Nacht auf dem Meer mit meinem Ruderboot unterwegs. In der Ferne sah ich die Lichter meiner heimatlichen Stadt. Aber das Boot überschlug sich, und ich ertrank, ging zu Grunde. Das wurde meine neue Devise: Mit Christines Begleitung will ich meinem nebulösen Zustand auf den Grund kommen. In der kommenden Atemsitzung erlebte ich Bilder, wie ich in kärglichen Verhältnissen kleinere Geschwister aufzog und von meinem Vater mißbraucht und schwanger wurde. Nach jahrzehntelangem Schweigen war Christine der erste Mensch, dem ich erzählte, wie einer meiner Brüder über Jahre hinweg meinen Willen vernichtete und mich mißbrauchte. Christine sagte: »Du erzählst das, wie wenn es dich nichts anginge. Ich bin zutiefst berührt.« Ihre Anteilnahme wärmte und bewegte mich, stellte aber keinen gefühlsmäßigen Bezug zu meiner Geschichte her. Es waren viele Sitzungen notwendig, um meine Glasglocke zu zerschlagen.

Ich erlebte Atemsitzungen, bei denen ich völlig wehrlos als Käfer auf dem Rücken in der Sonne lag oder mich als Blume in harter, ausgetrockneter Erde nach einem Tropfen Wasser sehnte. Ich erlebte mich als Fels, blockiert vom Scheitel bis zur Sohle. Einmal entlockte mir die psychische dichte Erinnerung an meine verstorbenen Eltern einige Tränen. Dann folgte eine Serie mit Verfolgungen, Vergewaltigungen, Folterungen, Gepeischtwerden, Brenneisen-Torturen. Nackt wurde ich in einem Karren durch die Straßen gezogen, die Menge johlte und wollte mich auf dem Scheiterhaufen sehen. Ich erlebte krasse Situationen. Ich war gleichsam ein unförmiger, empfindungsloser Stein, der harte Schläge brauchte, um überhaupt Umrisse freizulegen. Aber ich war bereit, und das Integrations-Atmen führte mich in meinem Tempo durch eine von mir angezogene und kreierte Bilderwelt. Meine Schutzwälle fielen von mir ab. Ohne Christine hätte ich nicht den Mut gehabt, mich dem allem auszu-

setzen. Sie war meine Gewährsfrau, daß nur soviel passierte, wie ich verkraften und verarbeiten konnte.

Wir kamen dem eigentlichen Thema, Inzest durch Sigurt, immer näher. Durch die sexuelle Ausbeutung war ich nicht in der Lage, mich abzugrenzen. Die Sitzungen zeigten, daß ich unfähig war, nein zu sagen. Die Kraft des Atmens versetzte mich in die Vergangenheit. Bereits wenn Christine meinen Fuß berührte, wurde sie zu Sigurt. Ich wurde steif und starr vor Angst. Meine Seele löste sich vom Körper und blieb nur mit einem Haar daran geknüpft. Ich wußte durch die Gespräche mit Christine, daß ich lernen müßte, nein zu sagen. Aber mein Körper lag verloren und verfügbar am Boden, und ich hatte keine Macht über ihn. Er war schwer und kalt wie eine Leiche.

Wie abgespalten ich von meinem Körper war, wurde in der zweiundfünfzigsten Sitzung deutlich. Ich atmete, und plötzlich ertönte das Requiem von Mozart. »Das darf Christine nicht machen. Sie darf die klassische Musik, meine einzige Heimat hier auf Erden, nicht mit dieser Schändungsgeschichte in Verbindung bringen. Die Musik ist der einzige Ort, wo ich mich nicht beschmutzt fühle. Himmel und Hölle können nicht zusammengebracht werden. Der Teufel darf nicht in der Kirche tanzen! Nur in der Musik bin ich ich selbst, das restliche Leben setzt sich zusammen aus Funktionieren und Maskerade«, dies alles schoß mir in Bruchteilen von Sekunden durch den Kopf. Christine fragte mich: »Soll ich das Requiem wieder ausschalten, oder bist du bereit, da durchzugehen?« Ich war bereit und erlebte durch diesen Kurzschluß, diesen Zusammenprall von Himmel und Hölle, das Ausmaß meiner Spaltung. Diese Erkenntnis verhalf mir, im Alltag wahrzunehmen, wenn ich Gefahr lief, mich abzuseilen und in die Wolken zu fliegen. Ich begann, in meinem Körper heimischer zu werden.

Das Nein war spürbar unterwegs. Es arbeitete sich während vieler Sitzungen durch meinen Körper, blieb für eine Zeit in der Kehle stecken und riß sich irgendwann in einem Schrei los. Mit diesem laut geschrieenen Nein fand ich das Ja zu mir, zu meinem Leben.

Die Arbeit ging weiter. In einer ebenfalls entscheidenden Sitzung fuhr ich Christine mit völlig neuer und ungewohnter Authentizität an: »Laß mich! Nein! Das sind meine Füße!« Im anschließenden Gespräch sagte Christine: »Stell dir vor, was es heißt, daß du deine Füße gefunden hast! Dieses Gefühl kann jetzt aufwärtswandern, durch deinen ganzen Körper. Jetzt kannst du deinen Weg selbst bestimmen.«

Mehrere Jahre liegen seit meiner ersten Atemsitzung zurück. Der Mißbrauch war verhängnisvoll für mein Leben. Aber jetzt ist er eine bearbeitete Altlast, und ich bin nicht mehr sein Opfer. Seit einigen Jahren lebe ich in einer ehrlichen und glücklichen Liebesbeziehung. Ich habe erfahren, daß es Menschen gibt, die vertrauenswürdig sind. Ich bin überzeugt, daß ich meiner Tochter mit der Aufarbeitung meines Traumas den größten Liebesdienst erweise. So braucht sie nicht täglich Unverdautes und Überschleiertes in der häuslichen Atmosphäre einzuatmen.

Sigurt habe ich damit konfrontiert. Er wurde klein wie eine Ameise. Die ganze Familie weiß es. Ich habe Verachtung erfahren, weil man über so etwas zu schweigen habe, aber auch Verständnis und Anteilnahme.

Dank der Aufarbeitung meiner dunklen Vergangenheit ist mein Leben lebenswert geworden. Jetzt bin ich beziehungsfähig, kann ›nein‹ sagen, fühle Boden unter meinen Füßen und bin in meinem Körper angekommen. Dank des Integrations-Atmens bin ich nicht mehr flüchtig wie eine Wolke, sondern fähig, mit anderen Menschen in Beziehung zu treten und das Leben zu bejahen.

Von der Einsamkeit zur Eigenständigkeit

Viele sind von Menschen oder Dingen abhängig. Das Alleinsein wird kaum ausgehalten, und scheinbare Kleinigkeiten erzeugen das Gefühl, im Stich gelassen zu werden. Dahinter steckt meist ein Verlassenheitstrauma aus der frühen Kindheit. Haben wir damals nicht ausreichend Nähe und Sicherheit bekommen, erzeugt dieses Manko schnell Gefühle der Einsamkeit und des Unverstandenseins. Bereits ein kleiner Trennungsschock kann Verlustängste und Verlassenheitsgefühle aktivieren.

Gabriele ist in einer Kleinstadt als Einzelkind auf die Welt gekommen. Sie hatte eine Blutkrankheit und war ein kleines, schwaches Baby. In ihrem ersten Lebensjahr verbrachte sie viel Zeit im Krankenhaus. Ihre Eltern waren mit dem ständigen Kampf um ihr Leben überfordert.

Gabrieles Kindheit verlief ansonsten ohne besondere Vorkommnisse. Trotzdem war sie unsicher und ängstlich. Wann immer sie sich von ihren Eltern oder Freunden trennen mußte, litt sie extrem. Sie weinte und war kaum zu beruhigen. Auch als Erwachsene versuchte sie, Trennungen von ihrem Partner zu vermeiden und unternahm möglichst alles mit ihm gemeinsam.

Mit dem Integrations-Atmen wurde ihr die Abhängigkeit bewußt. Was vorher normal für sie war, erkannte sie als Zwang und Behinderung. Mit jeder Atemsitzung gewann sie mehr Selbstvertrauen und entließ sich und das Umfeld in Freiheit. Heute lebt sie ein eigenständiges und zufriedenes Leben.

Im folgenden schildert Gabriele die Sitzung, die für sie, ihre Einsamkeit betreffend, das Schlüsselerlebnis darstellt:

Heute ist es wieder so weit. Dienstagabend ist der Abend des Integrations-Atmens. Ich packe meine Sachen zusammen: zwei Dekken, ein Kissen, warme Socken, eine Thermoskanne Tee, eine Packung Kekse, Taschentücher.

Da ist es wieder, dieses mulmige Gefühl. Vor jeder Sitzung habe ich Angst vor dem, was kommen wird. Obwohl dies meine sechzehnte Sitzung ist, ist es immer noch dasselbe Gefühl. Der Wunsch, mich weiter zu befreien, ist größer als der Widerstand. Ich weiß, daß ich da durch muß, setze mich in mein Auto und fahre zu meinem Ziel.

Die Tür steht ein wenig offen. Ich betrete den Raum, in dem ich schon unglaubliche Dinge erlebt habe. Er ist für mich wie eine Insel. Hier kann ich sein, wie ich wirklich bin, mich zeigen und meinen Gefühlen freien Lauf lassen. In der Mitte des Raumes ist ein gelbes Tuch, eine Kerze, eine Vase mit Blumen, eine Duftlampe und verschiedene Edelsteine. Christine lächelt mich an, schaut mir in die Augen und begrüßt mich mit einer herzlichen Umarmung. Ich fühle mich in meinen diffusen Ängsten verstanden und weiß, daß ich gut aufgehoben bin.

Nach und nach kommen die anderen Teilnehmer und Teilnehmerinnen. Wir setzen uns im Kreis auf die mitgebrachten Decken. Christine begrüßt uns in der Runde und fragt: »Möchte jemand etwas mitteilen oder fragen?« Dabei streckt sie ihre »Fühler« aus und läßt ihren »Röntgenblick« wie das Selbstverständlichste auf der Welt durch die Runde kreisen. Ich brauche nichts zu sagen. Irgendwo habe ich das Vertrauen, daß alles klar ist und daß das, was kommen muß, kommen wird. Nachdem sich zwei Teilnehmer geäußert haben, legt Christine Musik auf: »Versucht wahrzunehmen, wie sich der Körper bewegen will und folgt dieser Bewegung. Laßt dabei den Atem frei fließen.« Wir tanzen bei lauter, rhythmischer Tanzmusik und Kerzenlicht. Es tut mir gut, ich spüre meinen Körper. Die Angst vor dem, was kommen könnte, fließt fort.

»Nun richtet euren Platz her und legt euch hin«. Ich suche mir einen Platz aus und bereite alles vor, bis ich mich wohlfühle. Dann lege ich mich auf den Rücken und folge ihren Worten: »Spüre dich, wie du auf der Unterlage liegst. Nimm Kontakt auf, mit deinem höheren Selbst und deiner göttlichen Führung. Bitte mit deinen Worten und mit deinem Herzen um Unterstützung, Führung und Schutz für die kommende Sitzung. Bitte, daß genau das geschieht, was im Moment für dich wichtig ist und dir hilft, einen Schritt weiter, zu mehr Bewußtsein, zu gehen. Stell dir vor, du öffnest dein Scheitelchakra, wie eine Blume am Morgen, und es fließt Licht, das

vom Universum kommt, herein. Dieses Licht erfüllt, wie ein Wasserfall, deinen ganzen Körper. Alles Dunkle fließt ab. Nun stell dir vor, daß das Licht weiter in den Raum fließt. Der ganze Raum wird hell und strahlend. Alles Dunkle fließt ab. Stell dir vor, du liegst in einem Lichtei, dein ganzer Körper ist eingehüllt in dieses Licht. Du liegst wie ein Küken im Ei, das Ei hat eine Schale, durch diese Schale kann nur eindringen, was heilsam für dich ist. Alles andere prallt ab. Du bist absolut geschützt und geborgen. Nun atme ein und aus. Tief in den Brustkorb und Kopf. Atme verbunden, im Kreis, ohne abzusetzen.«

Ich atme ein – aus – ein – aus – ein – aus – ein …, atme im Kreis. Spüre wie die Energie durch meinen Körper fließt. Das Kribbeln, die Vibrationen und das Pulsieren sind mir aus den vergangenen Sitzungen wohlbekannt. Ich höre die Musik, höre die anderen Seminarteilnehmer atmen. Es motiviert mich weiterzugehen. Hier in der Gruppe sind wir alle im gleichen Boot. Jeder für sich, und doch gemeinsam treten wir die Reise an. Wohin wird sie mich diesmal führen? Ich weiß es nicht. Das Vertrauen in das Atmen ist riesengroß. Was ich seit meiner ersten Sitzung erlebt habe, ist wie ein Wunder. Ich bin eine andere geworden, habe von der Freiheit gekostet und bin fest entschlossen, den Weg weiterzugehen.

Trotz der warmen Decke ist mir kalt. In mir ist es kalt. Die Welt ist kalt. Ich atme weiter, der Spur der Kälte entlang. In mir breitet sich eine Monotonie aus. Eine Leere. Ich weiß, daß diese Gefühle durch das Atmen aus dem Unbewußten in mein Bewußtsein steigen, daß sie abgespalten waren und nun integriert werden wollen.

Ich atme weiter. Wie von selbst fangen meine Füße an, sich zu bewegen. Sie reiben sich aneinander. Es ist eine Bewegung ohne Anfang und Ende. Eine Unendlichkeit. Mein Körper ist klein. Wie ein Baby, klein und hilflos. Ich bin alleine, niemand ist da. Ich fühle mich verloren, unendlich alleine. Das Reiben der Füße vermittelt mir den einzigen Kontakt, die Illusion, daß ich nicht alleine bin.

Ich atme weiter. Die Füße reiben sich weiter. Wie ferngesteuert, immer die gleiche Bewegung. Sie sind meine Hoffnung in diesem Verlorensein. Ich bin hilflos, erschöpft, das Reiben wird langsamer, wie in Zeitlupe, bis es ganz aufhört. Resignation. Leere. Nichts. Ich sterbe. Ende.

Wie von ferne höre ich Christine: »Atme weiter, atme«. Ich spüre eine Hand auf meinem Brustkorb. Ich spüre, wie mich das Leben berührt. Wie erwachend komme ich aus der anderen Welt zurück. Ich atme. Mit dem Atem steigt Trauer in mir auf. Die Trauer fließt über. Ich weine. Ich bin so alleine! Es tut so weh! Nein!

Christine hilft mir, mich auf die Seite zu drehen. Ein Fluß von Tränen bricht aus mir heraus. Ich fühle mich wie in einem See von Trauer und Einsamkeit. Sie hält mich am Rücken. Ich fühle ihre Sicherheit und atme schluchzend und weinend weiter. Es ist, als ob es mir das Herz zerreißt. Ein unendlich tiefer Schmerz.

Mein Körper wird wärmer, weniger Tränen fließen. Ich fühle mich klein, verletzlich und offen. Ich bin erschöpft, müde und gleichzeitig erleichtert. Es ist, als ob eine riesengroße Last von mir abgefallen wäre. Ich habe mich noch nie in meinem Leben so weich und frei gefühlt. Ein Glücksgefühl breitet sich in mir aus. Ich fühle mich in mir geborgen und eins. Ich habe mich gefunden!

Die Musik im Hintergrund wird sanft und leise. Der ganze Raum kommt zur Ruhe. Von drüben höre ich noch ein leises Schluchzen. Ich bin glücklich, für mich und für alle, die wir das erleben dürfen. Ich empfinde große Dankbarkeit und ruhe mich aus, döse vor mich hin.

»Nun kommt ganz langsam zurück, indem ihr wieder tiefer atmet und euren Körper sanft bewegt.«

Wir sitzen im Kreis, trinken Tee, essen Kekse und Schokolade. Diejenigen, die möchten, erzählen, was sie erlebt haben. Christine beantwortet Fragen und ergänzt, was sie für wichtig erachtet.

Ich erzähle mein Erlebnis. Daraufhin sie: »Versuche dich die nächsten Tage zu schützen. Du bist sehr offen und verletzlich. Wun-

dere dich nicht, wenn du überempfindlich reagierst. Geh behutsam
mit dir um, und achte auf deine Gefühle und Bedürfnisse.«

Wir verlassen die Insel. Alle kehren in ihre eigene Welt zurück.
Es gilt, das Erlebte zu integrieren. Ich fahre nach Hause, freue mich
über mein neues Gefühl und bin gespannt, was noch kommen wird.

Der Kontakt zu Verstorbenen

Die Totenwelt ist so real wie das körperliche Leben auf dieser Erde. Viele Menschen können und wollen die Totenwelt nicht wahrhaben. Sie verdrängen die Existenz unserer Verstorbenen und glauben, sie seien irgendwo weit weg im *ewigen Frieden*. Ich habe viele Erfahrungen gemacht, die mir klar zeigen: sie sind mitten unter uns!

Je nachdem, ob sie noch etwas auf dieser Erde zu erfüllen haben oder frei ihren Weg weitergehen, sind sie uns näher oder ferner. Für mich ist es selbstverständlich, daß ich, wann immer sich jemand von der Totenwelt meldet, mich mit ihm unterhalte. Ich höre zu, spüre hin und erfahre viel. Sei es für mich oder für die Menschen, die sich in Beratungen an mich wenden. Manchmal kommt es vor, daß sich während einer Sitzung ein der betreffenden Person bekannter Verstorbener plötzlich meldet. Ich bekomme Informationen, die ich meinem Gegenüber mitteilen soll oder nehme einfach wahr, daß die Person von diesem Verstorbenen zu mir geführt wurde.

Habe ich eine spezielle Begabung? Nein! Es ist das Natürlichste dieser Welt. Jeder kann es. Ich glaube nicht, daß es Auserwählte gibt. Jeder der möchte, kann sich auf die geistige Welt besinnen und versuchen, sie in sein Leben einzubeziehen. Ich glaube, daß wir, wenn nicht bewußt, so doch über die unbewußte Ebene mit der Totenwelt im Austausch sind. Das Atmen bringt uns sowohl der spirituellen Welt wie auch der Totenwelt näher.

Durch den Atemprozeß und die Reinigung der Persönlichkeit begegnen wir dem Wesentlichen. Illusionen, Ängste und Grenzen lösen sich auf, es öffnen sich Welten, die wir nie vermutet haben. Es ist eine Offenbarung!

Die Mutter von Johannes starb, als er 12 Monate alt war. Die Liebe, wie sie nur eine Mutter geben kann, hat ihm, vor allem in der frühen Jugend, gefehlt. Mit 46 Jahren begegnete er in einer Atemsitzung seiner verstorbenen Mutter. Es war ein ergreifendes Erlebnis. Im Raum breitete sich eine gigantische Fülle von Licht und Glückseligkeit aus. Johannes erzählt:

Gelesen habe ich einiges. Was steckt hinter diesen Meditations- und Atemberichten? Was passiert da? Ist alles Schwindel, Einbildung? Ich konnte es nicht glauben, wollte es jedoch wissen und nahm mir vor, mich darauf einzulassen. Aber mit wem? Ich brauche Vertrauen, Verständnis, Ehrlichkeit! Ich suchte, habe viel probiert und einiges kennengelernt.

Wie zufällig stieß ich auf ein Inserat »Atem und Meditation« und wußte: Das ist das Richtige für mich! Ich traf Christine, und die Reise ins Unbekannte begann.

Mein erster Annäherungsversuch – mein erstes Einlassen in die sogenannte Atemtherapie war schüchtern. »Was kann schon dabeisein!« war mein Gedanke. Ich war nicht ehrlich zu mir und habe die ersten Sitzungen in der Gruppe aus Angst vor dem Ungewissen zu früh abgebrochen. Dann wollte ich es wissen. Ich nahm Einzelsitzungen, mit dem festen Vorsatz, nicht mit dem Atmen aufzuhören und bis zum Ende durchzuhalten.

Am Anfang kamen die Probleme des Alltags. Ich stellte mich ihnen und begann ehrlicher mit mir zu werden. Das Selbstvertrauen wuchs. Die Atemsitzungen waren intensiv, traurig, schön, wunderbar. In jeder Sitzung konnte ich ein Stück Sorge und Leid aufarbeiten und lösen. Ich konnte kein bestimmtes Thema verlangen oder bestellen. Es kam immer anders, als ich dachte, und hatte mit aktuellen Problemen zu tun. Manchmal habe ich den Zusammenhang erst später begriffen.

In einer der Sitzungen wurde ich reich beschenkt. Ich durfte meiner verstorbenen Mutter begegnen.

Nach einigen Minuten intensiven Atmens spürte ich in der Brust starke Schmerzen. Ein riesiger Stein, hart, schwer, schmerzvoll. Ich wagte es, in den Schmerz zu atmen, wollte ihn lösen. Nach einer Phase intensiven Hineinatmens löste sich der Druck. Ich atmete frei, fließend und vertrauensvoll weiter. Vor meinem inneren Auge sah ich, wie es immer heller wurde. Ich erkannte eine wunderschöne Lichtgestalt. Sofort wußte ich: es war meine so vermißte und mir fast unbekannte Mutter. Sie war hell und strahlend. Ihr Gesicht hatte keine klaren Züge, und doch konnte ich sehen, wie sie mich lieb und zärtlich anlächelte. Ihr Lächeln und ihre Liebe sagten zu mir: »Ich war immer bei dir. Doch so nah, wie jetzt, warst du mir noch nie«. Sie sprach nicht, wie wir es hier gewöhnt sind. Ich konnte ihre Gedanken verstehen. Und dann erlebte ich etwas Wunderbares. Dieses helle Lichtwesen, meine Mutter, begann ein noch helleres Licht auszustrahlen, welches sich langsam über und in meinem Körper ausbreitete und mein ganzes Herz erfüllte. Es war pure, reine Mutterliebe, die mich überströmte. Ich bekam die ersehnte Mutterliebe der vergangenen 45 Jahre. Es war wunderschön, kaum zu beschreiben. Mein ganzer Körper zitterte, ich war hungrig nach mehr und wünschte mir, daß es nie enden würde. Tränen des Glücks und der Freude stiegen in mir auf, und ich vergoß sie, glaube ich, literweise. So gerne ich diese Situation aufrecht erhalten hätte, spürte ich doch, daß sie einmal zu Ende sein würde. Aber erstens wollte ich kein Ende, und zweitens hätte ich nicht gewußt, wie ich mich von meiner Mutter trennen könnte. Genau in diesem Augenblick nahm Christine liebevoll Kontakt mit mir auf. Sie half mir, mich in Liebe und Freude von meiner Mutter zu lösen und sie loszulassen. Von ihr Abschied zu nehmen und sie weiter gehen zu lassen, war für mich eine wichtige und schöne Erfahrung.

Ich wußte nicht, wieviel Zeit vergangen war – eine Minute oder Stunden, es hätte ewig dauern können. Danach war ich entspannt und ruhig, es war ein wunderbares Gefühl.

IV

Das Atmen im Alltag

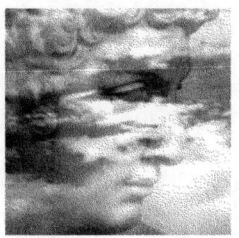

Die Redewendungen

Was ist herrlicher als Gold? fragte der König. –
Das Licht, antwortete die Schlange. –
Was ist erquicklicher als Licht? fragte jener. –
Das Gespräch, antwortete diese.
Johann Wolfgang von Goethe

Wir finden eine Goldgrube an Redewendungen in bezug auf das Atmen. Freiheit, Glück und Lebendigkeit werden mit freiem Atem gekoppelt, Unfreiheit, Enge, Überbelastung, Abwehr und Schreck hingegen mit Atemproblemen.

Ich habe weniger erfreuliche Redewendungen gefunden als beschwerliche. Könnte dies daran liegen, daß wir uns der beglückenden Seite des Lebens zaghafter zuwenden?

Im *Volksmund* ist viel Wahrheit verborgen. Höre ich genau hin, so kann ich einiges lernen.

Die folgenden Redewendungen sind mehrdeutig. Achten Sie beim Durchlesen auf den dahinter liegenden Sinn. Sind Ausdrücke dabei, die Sie oder Menschen in Ihrem Umfeld immer wieder verwenden?

- Mir bleibt die Luft weg.
- Ich bekomme keine Luft.
- Die Luft ist zum Schneiden.
- Es schnürt mir die Kehle zu.
- Sie nimmt mir die Luft weg.
- Ich bin außer Atem.
- Es verschlägt mir den Atem.
- Ich pfeife aus dem letzten Loch.
- Ich habe keinen Platz zum Atmen.
- Ich kann nicht frei atmen.
- Nach Luft schnappen.
- Nach Atem ringen.

- Ich habe die Nase voll.
- Ich kann ihn nicht mehr riechen.
- Jemandem etwas husten.
- Ich habe kaum noch Zeit, um Luft zu holen.
- Ich brauche eine Verschnaufpause.
- Ich kämpfe bis zum letzten Atemzug.
- Die Luft ist rein.
- Endlich komme ich wieder zum Atmen.
- Ich gönne mir eine Verschnaufpause.
- Jetzt kann ich aufatmen.
- Es weht ein frischer Wind.
- Eine Nase für etwas haben.
- Einen langen Atem haben.
- Sie ist atemberaubend.

Ich selbst habe eine Nase für Unwahrheiten. Bei Unehrlich-keit bleibt mir die Luft weg. Wenn ich die Nase so richtig voll habe, versuche ich, frischen Wind in das Geschehen zu bringen. Dann huste ich dem Gegenüber etwas, auch wenn es mir oft vor Angst die Kehle zuschnürt. Ist die Luft rein, gönne ich mir eine Verschnaufpause. Kann man mich anschließend nicht mehr riechen, so ist dies in Ordnung. Ich atme auf.

Die Stimme

Das Verständliche an der Sprache ist nicht das Wort selber,
sondern Ton, Stärke, Modulation, Tempo, mit denen eine Reihe
von Worten gesprochen wird – kurz: die Musik hinter den Worten,
die Leidenschaft hinter dieser Musik,
die Person hinter dieser Leidenschaft:
alles das, was nicht geschrieben werden kann.
Friedrich Nietzsche

Das Sprechen geschieht über die Ausatmung. Versuchen Sie, mit dem Einatmen Worte zu formulieren. Es ist nicht möglich.

Wir müssen, um uns aus-zu-drücken und etwas mit-zu-teilen, Energie von uns ab-geben. Dies ist ein Vorgang vom Ich zum Du.

Ausgesprochene Worte sind Energieträger. Durch unseren Atem bekommen sie Geist. Unser Wesen wird auf dem Fahrzeug Wort nach außen transportiert. Spiritualität wird hörbar. Durch die daraus folgenden Handlungen bekommt sie Gestalt.

Worte zu artikulieren ist für den Körper eine Höchstleistung an Präzision. Über hundert Muskeln müssen dabei zusammenwirken. Was wir sprechen, ist stets von unserer persönlichen Stimmung angereichert, ist immer von uns belebt. Ist ein Mensch unsicher oder will er seine Emotionen nicht zeigen, offenbaren sich die inneren Spannungen in Disharmonien der Stimme. Sie entlarvt einerseits unseren Umgang mit Selbstbetrug und äußert andererseits unsere Bereitschaft zur Wahrheit. Eine freie Stimme drückt Wahrhaftigkeit aus. Die Stimme ist im wahrsten Sinne des Wortes ein Stimmungs-Barometer, ein Gradmesser für die Befindlichkeit einer Persönlichkeit und deren Authentizität.

In einem Gespräch hat die Stimme eine wichtige Bedeutung. Sie hinterläßt ca. 40 % des Eindruckes, die Körpersprache, Mimik, Gestik und das Aussehen ca. 55 %, dem Inhalt werden gerade noch ca. 5 % zugeschrieben (s. Abb. 7).

Ein aufmerksames Zuhören könnte entschlüsseln, was für ein Mensch das Gegenüber ist und welche Gesinnung sich im Sprechen manifestiert.

Wären wir fähig, auf diese *unsichtbaren* Botschaften zu hören, würde uns manch unangenehme Erfahrung erspart bleiben. Wohlgemeintes könnten wir erkennen und uns vermehrt diesen Seiten zuwenden.

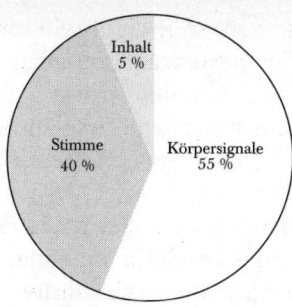

**Abb. 7: In einem Gespräch hinterläßt die Stimme ca. 40 %
des Eindruckes, die Körpersprache,
Mimik, Gestik und Aussehen ca. 55 %, der Inhalt ca. 5 %.**

Wie wir oben in der prozentualen Verteilung sehen können, erhält das äußerliche Auftreten den größten Stellenwert. Meistens sind wir auf materielle Werte fixiert und lassen uns allzu schnell durch eine konstruierte Scheinwelt täuschen.

Es ist möglich, unsere Wahrnehmung zu verfeinern, indem wir die *Schwingung* eines Menschen zu erfühlen suchen.
Wie bin ich *gestimmt?*
Wie ist mein Gegenüber *gestimmt?*
Das Sprichwort *Der Ton macht die Musik* drückt dies treffend aus. Wir können viel von Babys und kleinen Kindern lernen. Sie sind empfindsam und zeigen klar und direkt, mit wem sie sich auf keinen Fall ein-lassen wollen und von wem sie sich an-ge-sprochen fühlen.

Das Wort

Gott sprach: Es werde Licht. Und es wurde Licht.
Genesis 1,3

Das Wort hat Kraft. Sätze, die wir oft wiederholen, wirken wie Zaubersprüche. Sie bekommen rituellen, magischen Charakter und werden zur Erfüllung gezwungen. Wir sollten uns überlegen, was wir sagen. Es könnte konkret werden. Zum Beispiel kann der Satz *Ich kann es nicht mehr hören* massive Probleme mit dem Gehör bewirken. Oder jemandem beispielsweise immer wieder zu sagen: *Das kannst du nicht*, verursacht mit der Zeit eine unnötige Einschränkung, wogegen der Satz *Wenn du willst, kannst du das*, das Selbstbewußtsein stärkt.

Besonders empfänglich für solche Botschaften sind Kinder und empfindsame Menschen. Das Unbewußte unterscheidet dabei nicht, ob solche Äußerungen als Spaß gemeint sind oder nicht. Die Information wird ungefiltert aufgenommen und meistens abgespeichert.

Fragen Sie sich, welche sich wiederholenden Sätze oder Gedanken Sie über sich oder andere haben.

Welche Sätze hören Sie immer wieder von Ihrem Umfeld?

Was ist Realität geworden und wäre vielleicht vermeidbar gewesen?

Erstellen Sie eine Liste dieser Sätze und achten Sie darauf, daß Sie in Zukunft bewußt damit umgehen.

Eine klare und deutliche Kommunikation ist zum größten Teil verlorengegangen. Wir haben verlernt, mit der Sprache und ihrem tiefen Sinn umzugehen. Immer wieder ertappen wir uns, daß wir etwas sagen und es eigentlich gar nicht so meinen. Wir suchen nach Erklärungen oder Ausreden. Worte zu definieren hilft, die scheinbaren Mißverständnisse aufzulösen.

Es ist bereichernd, wenn wir uns klar ausdrücken und einander genau zuhören. Wir sollten die Bedeutung der Worte verstehen und ernstnehmen. Eine geglückte Kommunikation besteht darin, daß wir bemüht sind, uns in die anderen hineinzudenken, daß wir versuchen, hinter die allfällige Maske zu blicken, um nachvollziehen zu können, was gemeint ist und wie es dem Gegenüber ergeht.

Die Sprache bietet eine wunderschöne, tiefgreifende Möglichkeit des Austausches. In jedem Wort, hinter jedem Satz stecken Bilder, die Geschichten erzählen. Nutzen wir die Sprache, indem wir ihr mit unserer inneren Bilderwelt folgen. Gelingt es uns dabei, der Phantasie freien Lauf zu lassen, erleben wir eine lebendige, facettenreiche Welt. Dann wird Unausgesprochenes hörbar, Hintergründiges sichtbar, Unverständliches greifbar.

Die Poesie

Das Mutterland Wort wird zur neuen Heimat.
Rose Ausländer

Von den drei Hauptbereichen der Poetik ist die Lyrik der Gegenwart zugeordnet. Die Epik beschreibt Vergangenes, und die Dramatik setzt sich mit der Zukunft auseinander, indem sie Probleme zu lösen hat. Die Lyrik verschmilzt mit dem Augenblick, mit einer Rose, dem Abendhimmel. Sie sehnt sich nach dem geliebten Menschen und seufzt, wenn ihr Liebesverlangen unerfüllt bleibt. Konkretes Beschreiben interessiert sie nicht, Probleme will sie poetisch verklären. Lyrisches Dasein ist ein Hauch, dem der Himmel und die Erde in ihrer Schönheit offenstehen.

Lyrik kleidet in Worte, *wes das Herz voll ist* und ist reiner Gefühlsausdruck. Sie kümmert sich nicht um Logik oder einen objektiven Realitätsbezug. Ihre subjektive Gefühlswahrheit ist ihr Inhalt genug und will sich im Gedicht, als der »dichtesten« Aussagemöglichkeit, veräußerlichen. Das ist ihre einzige Sehnsucht.

Manchmal bleibt uns aus einem Gedicht eine einzige Zeile in Erinnerung. Diese beschwingt das Gemüt: *Walle, walle manche Strecke,* gibt einer Stimmung Ausdruck: *Seltsam, im Nebel zu wandern* oder kräftigt den Lebenswillen: *Ja, ich weiß, woher ich stamme.*

Unsere Großeltern mußten während ihrer Schulzeit noch Gedichte auswendig lernen. Chemische Formeln haben sie vergessen, aber vielfach kennen sie noch ganze Gedichte oder zumindest Fragmente. Grund dafür ist, daß Gedichte über Emotionen und Rhythmus aufgenommen und daher tief und ganzheitlich eingespeichert werden.

Zudem hat die Sprache die Kraft, Bilder zu plastizieren. Gesprochene Gedichte wenden sich gleichermaßen an das Ohr, an das innere Auge und berühren das Empfindungserleben. Im Sprechen von Gedichten, wie überhaupt der künstlerisch gestalteten Sprache, hat der Atem eine wichtige Bedeutung. In der Einatmung werden die dichterischen Bilder verinnerlicht und im ausatmenden Sprechen gestaltet, und damit sichtbar und fühlbar gemacht. Der Atem unterteilt ein Gedicht oder einen Monolog in faßbare Einheiten. Wird auf der Grundlage des Atmens am Ausdruck dichterischer Sprache gearbeitet, ist das Verständnis eines Textes gewährleistet.

Eleonora Duse (1858-1924) war eine der beeindruckendsten Schauspielerinnen, die die Welt je gesehen hat. Sie vermittelte die Rollen über ihr Empfindungsleben, über ihren Atem. Ihre Tourneen führten sie nach Nord- und Südamerika, nach Rußland, Skandinavien, Deutschland, Österreich, Schweiz, Portugal, Spanien, Ägypten und Frankreich, und überall wurde sie verstanden und verehrt. Die Sprachen unterscheiden sich, aber im Gefühlsleben sind sich die Menschen nahe. Eine über den Atem ausgedrückte Sprache erschafft ein Esperanto, das Menschen berührt. Dadurch ist die Verbindung hergestellt, und der Austausch kommt in

Fluß. Meist wird die Sprache des Alltags nur zu Informationszwecken gebraucht. Taucht man in ihre schöpferischen Urgründe, verleiht sie dem Leben Flügel und vermag, mit dem Atem vereint, mancherlei Abgründe zu überspringen und manchem Glück einen dauerhaften Namen zu geben.

Die Rücksicht

Großer Geist, bewahre mich davor, über einen Menschen
zu urteilen, ehe ich nicht eine Meile in seinen Mokassins
gegangen bin.
Unbekannter Apachenkrieger

Allzu oft verurteilen wir uns und andere. Wir können ein Verhalten nicht verstehen oder haben Mühe, mit Schwächen und Fehlern umzugehen. Dies erzeugt gegenseitiges Leid und Mißachtung.

Um Rück-sicht zu nehmen, müssen wir zu-rück-schauen und die Vergangenheit miteinbeziehen. Wir sollten uns bemühen, einen freien Blick aufzubringen, der sich nicht im Jetzt festklammert, sondern vergangene Zeiten mit-be-rücksichtigt. Dadurch können wir uns und den anderen eher gerecht werden. Betrachten wir die Geschichte und die Erlebnisse eines Menschen, können wir ihn besser verstehen, nicht entschuldigend, sondern ihn aus einer erweiterten Sichtweise begreifend.

Der Atem ist dabei eine große Hilfe. Sobald wir andere verurteilen und Widerstände spüren, verspannt sich unser Körper. Wir blockieren uns und sind meist nicht mehr in der Lage, adäquat zu agieren. Versuchen Sie in diesen Momenten, nicht sofort zu reagieren. Nehmen Sie zuerst ein paar tiefe Atemzüge und betonen Sie das Ausatmen. Stellen Sie sich dabei vor, daß Sie alles, was störend ist, loslassen. Dadurch werden Sie physisch, emotional und mental frei für das, was wirklich ist.

Die Begegnung

Die Begegnung unterbricht das Einerlei des Zeitlaufs und gibt dem Augenblick seine volle Einmaligkeit zurück.
Detlev von Ulsar

Stellen Sie sich vor, Sie wären ganz allein auf dieser Erde. Es gäbe keine anderen Menschen und keine Tiere.

- Wie würden Sie Ihre Tage verbringen?
- Was würden Sie empfinden?
- Worüber würden Sie nachdenken?
- Phantasieren Sie, was in Ihnen vorgehen könnte.

Vielleicht denken Sie, daß dies ein paradiesischer Zustand sein müßte. Alle Verantwortung wäre abgegeben, endlich hätten Sie Ruhe und Frieden.

Nun, das mag für einige Tage angenehm sein, und falls Sie erholungsbedürftig sind, sogar für mehrere Wochen. In unserem Vorstellungsspiel blieben Sie jedoch Jahre, Jahrzehnte, Ihr ganzes Leben lang allein.

Diese Bilder lösen sicherlich bei jeder Leserin, jedem Leser unterschiedliche Gefühle aus. Aber irgendwann, glaube ich, würde bei allen Menschen eine große Leere und Sinnlosigkeit aufkommen.

Sind nicht die zwischenmenschlichen Begegnungen für unsere Existenz auf dieser Erde das Lebenselixier? Ohne sie sind wir tot. Menschen, die sich dem Kontakt und Austausch verschließen, sterben ab, verwelken wie Blumen, werden grau und schal.

Oft folgen auf schmerzhafte Erfahrungen und Verletzungen Rückzug und Resignation.

Wer kennt nicht diese unfaßbare Angst, anderen tief in die Augen zu schauen und sich wirklich mit ihnen auseinanderzusetzen? Fremde Menschen anzusprechen, ist nahezu ein Tabu, ja geradezu unschicklich. Die Isolierung und der persönliche Alleingang sind Resultate unserer hochtechnisierten Zeit. Meist tun wir, als ob wir das geradezu wollten und kaschieren damit unseren innigen Wunsch: die Sehnsucht nach Begegnung. Mit jemandem in Kontakt zu treten ist ein Urbedürfnis des Menschen. Durch das Du erleben wir uns selbst. Das Du schenkt die Möglichkeit, unser Innenleben auf die Außenwelt zu projizieren und sich darin zu spiegeln. Dadurch können wir unsere Gefühle fließen lassen. Wir erleben ein Geben und Nehmen, ein Senden und Empfangen, einen Kreislauf des Seins, der sich im Atem widerspiegelt.

Mit dem Einatmen nehmen wir das Du in uns auf und lassen es mit dem Ausatmen los. Beide Seiten atmen Teile dieser ausgeatmeten Luft wieder ein. Damit vollzieht sich ein Austausch, der bis tief in die Lungen, ins Blut und durch das Herz in den ganzen Körper fließt.

Durch den Atem sind wir bis in die letzte Zelle mit der Außenwelt und den Mitmenschen verbunden.

Die Intensität des Zusammenseins mit anderen Menschen bestimmt, inwieweit wir mit deren Leben und Schicksal verschmelzen. Wichtig ist es zu wählen, wessen Atem ich einatmen will. Wir gehen meist zu unbewußt mit diesen Auswirkungen um und wundern uns, wenn wir uns schlecht fühlen und krank werden.

Penny McLean ist spirituelle Lehrerin und Autorin. Sie arbeitet seit Jahren mit den Energiefeldern der Menschen und unterrichtet verschiedene Methoden zur Entwicklung der Persönlichkeit. Penny McLean erklärt, daß jede Begegnung ein Mischfeld erzeugt, dessen Wirkung schicksalsweisend sein kann. In ihrem Buch *Das unsichtbare Dritte* beschreibt sie vor allem die Auswirkungen der Mischfelder in Partnerschaften:

Die Wahrheit ist, daß sich das Geheimnis der Partnerfindung über wesentlich subtilere, weil unsichtbare Vorgänge abspielt. Ohne bewußte Wahrnehmung senden wir dennoch unentwegt Signale aus, deren Intensität aus der bisherigen Erweckung der Seelenfelder und ihrer Verwendung im Leben resultiert, also aus dem, was akzeptiert und abgelehnt wurde.

Dr. Leopold Szondi (1893-1986) widmete sein Leben der Schicksalspsychologie und Triebdiagnostik. Die Schicksalsanalyse ist die Brücke zwischen Tiefenpsychologie und Genetik. Sie untersucht den Menschen im Hinblick auf das persönliche, familiäre und kollektive Unbewußte. Szondi zeigt auf, daß jeder Mensch mit verschiedenen Schicksalsmöglichkeiten – das sind Möglichkeiten, wie sich sein künftiges Schicksal gestalten wird – zur Welt kommt. Diese Möglichkeiten sind durch sein familiäres Erbgut gegeben, vielleicht auch durch die in seinem familiären Unbewußten gesammelten Erfahrungen. Welche Möglichkeiten sich durchsetzen, welche sich nie verwirklichen, das hängt von verschiedenen Faktoren ab: von der unterschiedlichen Durchsetzungskraft dieser Ahnenansprüche, vom Milieu, in welches ein Mensch hineingeboren wird, von der Stärke des stellungnehmenden Ich. Szondi unterscheidet Wahlschicksal und Zwangsschicksal. 1937 stellte er sich die Frage:

Welche Instanz oder welche Instanzen lenken die Wahl in Liebe, Freundschaft und Beruf, ja sogar in der »Wahl« einer bestimmten Krankheitsform oder Todesart?

Seine Antwort: *Die im familären Unbewußten verborgenen Ahnenansprüche lenken unsere Wahlen in Liebe, Freundschaft, Be-*

ruf, Krankheit und Tod. Von der Fähigkeit, das Ich zu transzendie-
ren, zu integrieren und zu partizipieren hängt es dann ab, wie sehr
aus dem unmenschlichen Zwangsschicksal ein humanes Freiheits-
schicksal wird.

Dabei betont er, daß wir nicht der Illusion verfallen dürfen, von Gott und dem Ahnen-Erbe frei zu sein.

Das Thema Schicksal bearbeitete er in Verbindung mit
der Psychoanalyse von Sigmund Freud und Carl Gustav
Jung. Er war auf diesem Gebiet einer der ersten und inno-
vativsten Forscher und erschuf ein Analysesystem, das in
der Geschichte der Psychologie einzigartig ist.

Die Bewegung

Was sich ins Bleiben verschließt, schon ist's das Erstarrte,
wähnt es sich sicher im Schutz des unsichtbaren Grau's?
Warte, ein Härtestes warnt aus der Ferne das Harte.
Wehe – abwesender Hammer holt aus!
Rainer Maria Rilke

Alles ist in Bewegung. Auch durch die Drehung der Erde
sind wir ununterbrochen in Bewegung, allerdings ohne selbst
aktiv sein zu müssen. Wie sieht es mit der *persönlichen* Bewegung aus? Betrachten wir die verschiedenen Ebenen, erleben wir die körperliche, emotionale und mentale Bewegung.
Obwohl sie direkt miteinander verbunden sind, können wir
jeweils die spezifische Funktion unterscheiden.

Die körperliche Bewegung
Der Organismus des Körpers ist dauernd in Bewegung.
Durch das Atmen, den Herzschlag, die Nervenimpulse, die

Zirkulation von Blut und Wasser ist ein ständiges Fließen gegeben. Dieser innere Fluß ist für die Erhaltung der Gesundheit lebensnotwendig. Die meisten der heutigen Arbeitsplätze fordern *Stillsitzen* und konzentrierte Kopfarbeit, wodurch ein Defizit an körperlicher Betätigung entsteht. Die Gefahr ist, daß sich der Stoffwechsel verändert und die Muskeln erschlaffen. Meist wird durch die Passivität des Körpers zuwenig Energie umgesetzt. Es entstehen körperliche und psychische Blockaden.

In der Freizeitgestaltung versuchen wir, Defizite beispielsweise durch Sport auszugleichen. Leider wird zuviel Wert auf leistungsorientiertes, extremes Training gelegt. Wir nehmen unsere Grenzen zuwenig wahr. Überschreiten wir diese Grenzen immer wieder, können gravierende gesundheitliche Schäden entstehen, die meist erst im fortgeschrittenen Alter sichtbar werden.

Wichtig ist es, den Körper mit seinen Bedürfnissen zu spüren:

- An welcher körperlichen Betätigung oder Sportart habe ich Freude?
- Ist mein Körper für die gewählte Sportart geeignet?
- Wieweit kann oder soll ich mich belasten?
- Schaffe ich es, in der Bewegung locker zu bleiben?
- Achte ich auf meinen Atem?

Der Atem sollte frei und tief fließen und nicht durch langanhaltende Überanstrengung keuchend und pustend dahinhetzen. Der ganze Organismus, vor allem die Atmungsorgane und das Herz-Kreislauf-System werden überlastet und können irreparablen Schaden nehmen.

Der Körper gehört zum Element Erde. Er ist in die Zyklen der Erde eingebettet. Entlassen wir unseren Körper nachts in die Schwere des Schlafes, wacht er am Morgen auf, um erholt und leicht die Reise durch den Tag anzutreten. Der Körper ist das persönliche Fahrzeug auf dieser Erde. Achten wir auf unseren Körper, trägt er uns geduldig durch das Leben.

Die emotionale Bewegung

In der emotionalen Bewegung erleben wir unsere Gefühle. Wir empfinden Freude, Begeisterung, Euphorie, Liebe, Trauer, Angst, Aggression, Sehnsucht, Träume …

Woher stammen unsere Gefühle? Sie kommen aus unserer inneren Welt, aus unserem Unbewußten. Die Basis unserer Gefühlswelt liegt in unseren vergangenen Erfahrungen. Je nach unseren Erlebnissen, ordnet eine innere Instanz das, was wir im Moment erleben, in den entsprechenden Erfahrungsschatz ein und aktiviert die dort abgespeicherten Erinnerungen.

Was für den einen angenehm ist, kann für den anderen eine Qual bedeuten. Dieselbe Situation löst bei jedem unterschiedliche Gefühle aus. Hat jemand zum Beispiel ein Trauma bezüglich der Nähe, kann es sein, daß bei einer Umarmung Todesängste in ihm aufsteigen. Ein anderer kann in derselben Umarmung Glückseligkeit empfinden.

Unsere Gefühle sind dauernd in Bewegung. Sind wir uns ihrer Herkunft nicht bewußt, so kann es sein, daß wir als Opfer unserer Emotionen immer nur reagieren und nicht der Situation entsprechend agieren. Diese unverhältnismäßigen Gefühlsentladungen können dazu führen, daß wir im Laufe der Zeit die Emotionen unterdrücken und uns verschließen. Diese starke Gefühlskontrolle kann Leidensdruck und Blockaden bewirken. Haben wir unsere Gefühle aufgearbeitet, können sie sich frei entfalten. Die innere Welt steht im Austausch mit der äußeren. Wir sind lebendig und fließen mit.

Der Atem hilft uns, mit Gefühlen mitzugehen und, wann immer starke Emotionen aufsteigen, durchzuatmen. Mag es auch noch so intensiv sein, tiefes, bewußtes Atmen erleichtert. Der Atem bringt uns überall durch!

Gefühle gehören zum Element Wasser. Die Gefühlswelt ist wie das Meer. Ob stürmische See oder stille Ebbe, es ist unsinnig, die Bewegung des Wassers beeinflussen und kontrollieren zu wollen.

Die Wellen der Gefühle brauchen immer wieder Raum, um sich auszutoben. Kaum ist der Sturm vorbei, breitet sich in uns wie von selbst Ruhe aus.

Mit Gefühlen umzugehen ist eine Kunst. Gelingt es uns, können wir die Höhen und Tiefen des Lebens als Teil unserer Lebendigkeit annehmen.

Die mentale Bewegung

Die mentale Bewegung ist das Denken. Unsere Gedanken sind Welten von Zahlen, Buchstaben, Begriffen, Zusammenhängen, Erläuterungen, Analysen, Erinnerungen, Vorstellungen, Phantasien, Wünschen …

Die Gedanken kommen aus der eigenen Persönlichkeit. Der Denkpozeß bildet sich aus unseren Erlebnissen und den dazu gebildeten Assoziationen. Wir verarbeiten die aufgenommenen Eindrücke und Bilder und versuchen sie einzuordnen. Jeder Mensch hat ein individuelles Ordnungssystem.

Es kann sein, daß jemand mit einer Rechenaufgabe völlig überfordert ist, jedoch die schwierigsten philosophischen Texte spielend verstehen kann oder ein gigantisches visuelles Gedächtnis hat. Je nach Interesse und Schulung eines gewissen Bereiches, ist die entsprechende Denkkapazität größer oder kleiner. Nehmen wir Eindrücke auf, die wir im Moment nicht verarbeiten und einordnen können, ist unser Denksystem überlastet. Meist sind solche Überlastungen mit der unbewußten Reaktivierung einer entsprechenden Erinnerung gekoppelt.

Durch ungelöste Probleme kann es zu Denkstauungen kommen. Die Gedanken kreisen unaufhörlich im Kopf. Sie lassen einen nicht mehr los, und trotzdem kommt man zu keiner Lösung. Oft sind solche Engpässe mit Kopfdruck oder -schmerzen verbunden.

Hilfreich kann es sein, das Problem niederzuschreiben oder darüber zu sprechen. Dadurch fließt Energie ab, und die Problematik kann durch das Lesen oder Aussprechen in einem neuen Licht gesehen werden. Die Meinungen anderer können zum Verständnis beitragen, jedoch auch noch größere Verwirrung schaffen.

Durch das bewußte Atmen kann eine Klärung der Gedanken erfolgen. Sich auf den Atem zu konzentrieren und die Bewegung der Lunge und des Körpers wahrzunehmen, zentriert und hilft, aus dem Karussell der Gedanken auszusteigen.

Die Gedanken sind dem Element Luft zugeordnet. Die Gedankenwelt gleicht den Wolken. Wolkengebilde sind gesammelte Gedanken. Ist der Himmel mit dunklen Wolken überladen, ist ein Gewitter wohltuend und klärend. Neue Gedanken können sich bilden.

Die Gedanken sind frei. Entlassen wir uns mit ihnen in die Freiheit, sind wir klar und offen für eine Welt der Eindrücke.

Die Schrift

Im Augenblick des Schreibens entsteht eine Beziehung zum Raum. Man durchdringt den Raum durch die Bewegung auf der Schreibfläche, die im kleinen die Welt darstellt.
Ania Teillard-Mendelssohn

In der Schrift drücken wir uns nicht nur inhaltlich aus. Die Schrift ist Ausdruck des Wesens. Bei genauerem Betrachten der Schriftzüge können wir den Schrifteigner in seiner Persönlichkeit erkennen. Die Form, die Bewegung und der Rhythmus der Schrift verraten dem aufmerksamen Betrachter einiges über die innere und äußere Welt des Schreibers.

Es ist wichtig eine Schrift, ohne zu werten, auf sich wirken zu lassen. Stellen Sie sich folgende Fragen:

- Ist die Schrift weich oder hart?
- Ist sie groß oder klein?
- Ist sie zerbrechlich oder robust?
- Ist sie fließend oder gestaut?
- Ist sie elastisch oder spröde?
- Ist sie ruhig oder hektisch?
- Ist sie lebendig oder starr?

Wir könnten noch viele weitere Fragen stellen. Mich interessiert vor allem noch eine Frage:

- Wie atmet die Schrift?

Mit der Entwicklung des Menschen, verändern sich seine Schriftzüge. Im folgenden zeige ich Ihnen meine Schriftprobe. Interessant ist es, sie in ihrer Veränderung zu vergleichen.

Bei der ersten Schrift (s. Abb. 8) war ich 25 Jahre alt, die zweite (s. Abb. 9) habe ich heute geschrieben. Es liegen elf Jahre dazwischen. Eine lange Zeit, die bei jedem Menschen sichtbare Auswirkungen hat.

Lassen wir uns nun auf einen Vergleich ein: Die Formen der Buchstaben sind bei beiden Schriften praktisch identisch. Betrachten Sie jedoch den Fluß, die Weite, die Lebendigkeit und die Offenheit, so werden Sie markante Unterschiede feststellen.

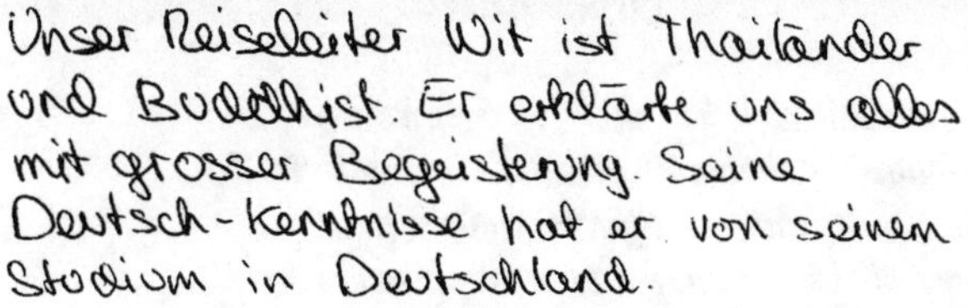

> Unser Reiseleiter Wit ist Thailänder
> und Buddhist. Er erklärte uns alles
> mit grosser Begeisterung. Seine
> Deutsch-Kenntnisse hat er von seinem
> Studium in Deutschland.

Abb. 8

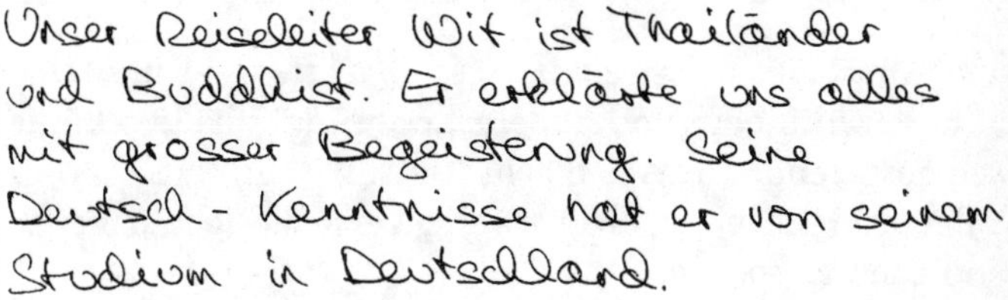

> Unser Reiseleiter Wit ist Thailänder
> und Buddhist. Er erklärte uns alles
> mit grosser Begeisterung. Seine
> Deutsch-Kenntnisse hat er von seinem
> Studium in Deutschland.

Abb. 9

Abb. 8 und 9: Meine (verkleinerten) Schriftproben.
Zwischen der oberen und der unteren liegen 11 Jahre.
Die Formen der Buchstaben sind bei beiden Schriften
praktisch identisch. Im Fluß, der Weite,
der Lebendigkeit und der Offenheit sieht man
markante Unterschiede.

Im Sinne der Psychologin und Graphologin Ania Teillard-Mendelssohn bin ich dieselbe wie damals. Jedoch
ist jetzt mein Umgang mit den Menschen, dem Leben
und mir anders als vor elf Jahren. Meine Welt ist analog
zu meiner Schrift offener, fließender, beweglicher und vita-
ler.

Vielleicht haben Sie Lust, sich Ihre alten Schulhefte oder
Schriften von früher anzuschauen und sie mit Ihrer heutigen
Schrift zu vergleichen.

Die Kunst

Jede Kunst hat ihre Wurzeln in ihrer Zeit,
aber die höhere Kunst ist nicht nur ein Echo
und ein Spiegel dieser Epoche;
sie besitzt zudem eine prophetische Kraft,
die weit und tief in die Zukunft reicht.
Wassily Kandinsky

Über Kunst läßt sich streiten. Geschmacksache? Kunstschaffende setzen innere und äußere Erfahrungsinhalte schöpferisch-gestaltend um. Was macht Kunst wirklich aus?

Begegne ich einem Kunstwerk, versuche ich, seine Lebendigkeit zu spüren.

- Hat es eine Ausstrahlung?
- Spricht es zu mir?
- Berührt es mich?
- Trägt es einen lebendigen Geist in sich?
- Vermittelt es mir eine Botschaft?

Wahre Kunstschaffende lassen sich vom Leben befruchten und von der sprituellen Welt inspirieren. Sie gehen mit Ideen, mit Visionen schwanger, tragen diese in sich aus, gebären sie, lassen sie wachsen und reifen und entlassen sie schließlich. Raum, Zeit, Form, Bewegung, Farbe und Klang sind die Medien, durch die sich Kunstwerke aussprechen. Die Beseelung des Werkes aber ist nicht von dieser Welt, sondern ist Spiritualität, sichtbar gewordene Geistigkeit. Sind Kunstschaffende mit der geistigen Welt in Kontakt, können sie Spiritualität in ihre Werke fließen lassen. Diese Werke sind unvergänglich und berühren die Betrachtenden mit einer Schwingung von Wahrhaftigkeit. Diese Kunstwerke leben und atmen.

Oft ist der Ausspruch zu hören: Ich verstehe nichts von Kunst. Es ist nicht nötig, etwas von Meteorologie zu wissen, um sich an einem Regenbogen, einem Sonnenuntergang oder an einer Sternschnuppe zu erfreuen. Entscheidend ist, den Blick zu heben und zu verweilen.

Rilke schreibt in einem Gedicht: *Erst das Verweilen weiht uns ein.* Das gilt auch für die Kunst. Lassen wir uns gefühlsmäßig auf ein Kunstwerk ein, spüren wir sofort, ob es uns berührt, nährt und vielleicht sogar neue Perspektiven eröffnet. Wir sind durch unseren Sinn für Wahrhaftigkeit und Lebendigkeit absolut in der Lage, zu entscheiden, ob uns ein Kunstwerk etwas zu sagen hat oder nicht. Ich möchte Sie ermuntern, Ihren Gefühlen Gehör zu schenken.

Seien Sie wach für die Schwingung, die ein Kunstwerk umgibt und entscheiden Sie, ob Sie diese Welt einatmen wollen oder nicht.

Die Musik

›Bruder, wenn man es recht bedenkt, so ist die Musik rein nichts. Man kann sie nicht zu fassen kriegen, und sie kann einem nichts sagen, was man versteht und begreift. Glaubst du nicht, Bruderherz, daß die Musik die Sprache ist, die dort droben gesprochen wird‹,
und er wies mit der Hand nach dem Himmel.
Selma Lagerlöf

Keine andere Kunst ist so immateriell wie die Musik. Sie entsteht, ertönt und verflüchtigt sich. In der Sage von Selma Lagerlöf *Der Weg zwischen Himmel und Erde* spürt Beerencreutz, daß er sterben muß. Seinen letzten Tag verbringt er bei Liljecrona, dem Geiger, und bittet ihn: *Und nun sollst du weiter an diesem Weg bauen, so daß ich noch ein Weilchen dem zuwandern kann, das kein Ende hat.* Liljecrona erfüllt dem Freund den letzten Wunsch, musiziert für ihn und baut ihm mit seinem Geigenspiel den Weg von der Erde in den Himmel.

Töne reihen sich aneinander, werden zur Melodie, diese wächst weiter zum Lied, zur Komposition.

In Tönen kann man schwelgen, in Klängen baden. Mit der Musik wurde den Menschen ein himmliches Geschenk gegeben, eines das berührt und erhebt.

In der Musik ereignet sich höchste Kunst: Alle Interpretierenden bringen sich voll und ganz ein und dienen gleichzeitig einem höheren Ganzen. Damit ist uns ein Bild für das soziale Leben gegeben.

Wäre es nicht schön, wenn wir uns unseren Interessen und Fähigkeiten gemäß finden, uns aufeinander abstimmen und ergänzen würden? Wir könnten unser Wissen und Können gemeinsam zum Ausdruck bringen, unsere Schwächen durch Kooperation ausgleichen. In diesem *Miteinander* würde ein riesiges Potential an gegenseitiger Befruchtung und Fülle stattfinden.

Was war der Zauber, die Faszination, die von Maria Callas ausging? Ihre Stimme? Sicherlich, doch diese Stimme gehörte einer Frau, die ihr Leben dem Singen gewidmet hat. Intensiv hat sie gelebt, Himmel und Hölle hat sie durchschritten. In ihren Arien, ließ sie uns daran teilhaben, weihte uns in ihr Leben ein. Ihr Körper formte die Töne, durch ihren Atem floß ihr Geist zu uns. Maria Callas gab im Singen ihren Lebensreichtum an uns weiter.

Chöre, die beispielsweise einen Choral singen, bilden mit ihren Stimmen einen gewaltigen Einklang. Die Sänger und Sängerinnen atmen zusammen. Es entsteht eine Kraft, die vom Geist jedes einzelnen Chormitgliedes mitgetragen wird.

116

Den *Schatten* dieser Kraft finden wir im Kriegsmarsch. Für Gott und fürs Vaterland wird im Gleichschritt marschiert und in der gleichen Gesinnung gesungen. Der einzelne Soldat gerät in den Bann der Gruppe und ist nur noch reduziert fähig, seine persönlichen Gefühle zu spüren und sich eine eigene Meinung zu bilden. Nur starke Persönlichkeiten können sich diesem *kollektiven Sog* entziehen. Führer gewinnen Macht über große Menschenmassen und bewirken dadurch oft unendliches Leid.

In der heutigen Zeit werden wir von synthetischer Musik überflutet, die elektronisch mit Computern hergestellt wird. Es bedarf keiner Menschen mehr, die auf Instrumenten spielen. Auf den Geist des Musikers wird verzichtet. Die Unverbindlichkeit und Anonymität des Zeitgeistes wird darin sichtbar.

Diese Musik soll nicht generell verurteilt werden. Aber was geschieht, wenn sich Menschen nur noch mit dieser Musik beschäftigen? Die Tendenz besteht, daß sie seelisch verarmen und ihnen der Kontakt zum Wesentlichen verlorengeht.

Qualitativ gute Musik hebt das Lebensgefühl des Menschen. Sie harmonisiert, inspiriert und *stimmt* ihn auf eine wunderschöne Art und Weise ein. Am vollkommensten ist die Schwingung in Konzerten, wo die Musiker, ihre Instrumente und die Sänger direkt und konkret erlebbar sind. In dieser Erfahrung, die uns verzaubern und in eine spirituelle Dimension führen kann, liegt die Fülle des Erlebens.

Mit Musik bringen wir das Instrument *Mensch* zum Schwingen.

Seien wir mutig und lassen wir die schlafenden *Saiten* in uns anrühren. Dadurch wird vielleicht die Resonanz verborgener *Töne* und brachliegender *Klänge* ausgelöst. Musik bringt uns in Stimmung, gleicht unsere Disharmonien aus und hilft uns, den persönlichen Rhythmus zu finden.

Wagen wir es, das Notenheft des Schicksals mit seinen Höhen und Tiefen zu dirigieren und zu spielen, so entsteht ein kunstvolles, wahrhaftiges Lebenswerk.

Das Ritual

Der Rauch aus unserer heiligen Pfeife ist der Atem des Großen Geistes. Wenn wir beisammensitzen und die Pfeife rauchen, bilden wir einen Kreis, der ohne Ende ist und alles umschließt, was auf der Erde lebt.
Lame Deer

Unser Alltag besteht aus verschiedenen rituellen Abläufen. Es gibt persönliche, gesellschaftliche und religiöse Rituale. Rituale sind Gesten, Handlungen, Bräuche und Zeremonien, die sich in einer gewissen Regelmäßigkeit wiederholen und mit Achtsamkeit durchgeführt werden. Oberflächlichkeit läßt die schönsten Rituale zu leeren Handlungen werden. Das Bewußtsein fehlt, der wirkliche Inhalt geht verloren.

Wir wissen, daß es ein gutes Omen ist, wenn wir jemandem *viel Glück wünschen* und *die Daumen drücken*. Wenn wir für ein Essen den Tisch mit Liebe schmücken, gibt es dem Zusammensein eine spezielle Bedeutung. Nehmen wir uns Zeit für ein Bad und geben eine duftende Essenz ins Wasser, ist dies ein besonderer Genuß. Am Geburtstag die leuchtenden Kerzen des Geburtstagskuchens auszublasen und dabei einen geheimen Wunsch hineinzugeben, ist ein feierlicher Moment.

All diese Gesten können persönliche Rituale sein, die unser Leben bereichern und Kraft und Wohlgefühl vermitteln.

Zu den gesellschaftlichen Ritualen könnte gehören, was sich unabhängig von einzelnen Personen in der Öffentlichkeit abspielt: das Neujahrsfest, die Pflege des Brauchtums, Staatsfeiertage, Sportveranstaltungen mit ihren Preisverleihungen, politische Wahlen und vieles mehr.

Unter religiösen Ritualen verstehen wir, was in der jeweiligen Religion an Zeremonien und Handlungen praktiziert wird: im Christentum das Läuten der Kirchenglocken, die Messen mit ihren verschiedenen Handlungen, Sakramente, Kerzen, Weihwasser, Weihrauch und vieles mehr.

Sich wiederholende Handlungen und Rituale geben dem Lebensablauf eine Struktur, an der wir uns orientieren können. Es liegt an uns, wieviel Bewußtsein wir hineingeben. Wenn wir uns einbringen, können wir kleinste Handlungen, wie Staubwischen oder Teetrinken beseelen. Ob ich in einer Handlung rituelle Aspekte erlebe, ist eine ganz persönliche Betrachtung. Ausschlaggebend ist, ob ich einen inneren Bezug dazu habe und ob ich mich mit dem, was geschieht, identifiziere. In der Identifikation wird die Handlung durch meine Gedanken und Gefühle genährt und belebt.

Sind wir bei allem, was wir tun, ohne Freude, besteht die Gefahr, daß unser Leben in kalter, leerer Routine abläuft.

Was können wir unternehmen, wenn uns der Alltagstrott einholt?

- Dinge tun, bei denen wir mit Herz und Seele dabei sind.
- Versuchen, die *Lebensträume* zu erfüllen.
- Das Schöne im Leben wahrnehmen und genießen.
- Sich bewußt sein, daß nichts selbstverständlich und alles ein Geschenk ist.
- Sich und anderen Freude machen.
- Sich auf Außergewöhnliches besonders vorbereiten.
- Sich überlegen: Was würde ich tun, wenn morgen mein letzter Tag wäre?
- Jeden Tag zu einem besonderen Tag werden lassen.

In magischen Ritualen finden wir Urbilder und Symbole alter Kulturen. Sie sind bedeutsam, weil sie eine Hilfe sein können, uns zu sammeln und etwas in uns zu bewirken. Sie erleichtern uns die Übergänge der verschiedenen Lebensphasen, indem sie uns helfen, das Alte loszulassen und das Neue zu beginnen.

Werden Rituale nicht genährt, sind sie leere Hüllen ohne Inhalt. Wichtig ist, daß wir mit unseren Herzen dabei sind und unsere Gefühle hineingeben. Die Handlungen sollen bewußt, mit dem Verständnis für den Sinn, der dahintersteckt, ausgeführt werden. Die vorgegebenen oder selbstgestalteten Formen der Rituale werden durch ihr wiederholtes Praktizieren verinnerlicht. Dadurch entsteht ein Kraftfeld, das von sich aus wirkt, uns erneuert und mit dem Wesentlichen in Kontakt bringt.

Als Vorbereitung zu jedem religiösen Ritual gehört das Sich-Sammeln. Gebete sind wertvolle Hilfen, wenn sie nicht heruntergeleiert, sondern aus einer echten Innerlichkeit und einem wirklichen Bedürfnis gesprochen werden. Gebete und Meditationen befreien unsere Gedanken von Ballast, sammeln uns und wirken wegweisend. Sind wir bereit, uns auf die Kraft und Führung, die in uns ist, zu besinnen, kann sich der innere Reichtum entfalten. Wir finden den Weg, das Leben auf dieser Erde mit Spiritualität zu vereinen.

Viele Menschen haben nie gelernt, in die Stille zu gehen oder aus der Tiefe heraus zu beten. Es ist auffallend, wie sich immer mehr Menschen von der Kirche abwenden und den persönlichen spirituellen Weg suchen. Ängste und Schuldgefühle, die mit einer streng religiösen Erziehung in Verbindung stehen, aufzuarbeiten, fordert oft einen langen Prozeß heraus. Es ist hilfreich, alte Werte zu hinterfragen und allenfalls neue zu finden.

Glaube ist eine individuelle Erfahrung und unabhängig von jeder Religion. Er steht direkt mit der persönlichen Geschichte in Verbindung. Wir können uns nur begrenzt an den anderen orientieren. Das eigene Gefühl soll wegweisend sein.

Haben Sie das Bedürfnis, Rituale bewußt zu erleben, ist das Atmen dabei eine große Hilfe. Versuchen Sie Achtsamkeit hineinzugeben und Ihre Aufmerksamkeit auf den Atem zu lenken. Folgende Einstimmung kann Ihnen einen meditativen Einstieg vermitteln:

- Atmen sie ruhig, verbunden und fließend.
- Fließen Sie mit Ihrem Atem mit und erforschen Sie Ihren Körper, als ob Sie ein Haus abschreiten würden. Vielleicht nehmen Sie an gewissen Stellen Enge, Druck oder Spannungen wahr. Atmen Sie in diese Stellen hinein, ganz sanft, als ob Sie sie mit Ihrem Atem zärtlich durchfluten.
- Gehen Sie weiter, in Ihren Kopf. Beobachten Sie Ihre Gedanken. Lassen Sie die Gedanken mit Ihrem Atem wie Wolken am Himmel an Ihnen vorbeiziehen.
- Nehmen Sie mit Ihrem Herzen Kontakt auf. Spüren Sie Ihre Gefühle. Atmen Sie in Ihr Herz und lassen Sie es weich und offen werden.
- Vielleicht können Sie beobachten, wie sich Ihr Empfinden wie von selbst verändert, wie Sie sich sammeln und wie sich in Ihnen Stille ausbreitet.
- Versuchen Sie sich mit Ihrem Herzen auf die Gegenwart einzulassen. Hören Sie auf Ihre innere Stimme und lassen Sie sie sprechen. Geben Sie die Führung an Ihre innere Weisheit ab.

Rituale und Gebete sind gelebte Meditation; Wege zur eigenen Mitte. Jeder praktiziert sie in irgendeiner Form. Indem wir sie ins Bewußtsein heben, hauchen wir ihnen Leben ein. Die einfachsten Handlungen des Alltags bekommen dadurch Inhalt, tiefen Sinn und Lebendigkcit.

V

Die Atemübungen

Atmen ist Leben

Wenn du etwas mit dem Atem tun kannst,
wirst du dich plötzlich der Gegenwart zuwenden.
Wenn du etwas mit dem Atem tun kannst,
wirst du die Quelle des Lebens finden.
Wenn du etwas mit dem Atem tun kannst,
wirst du Zeit und Raum transzendieren.
Wenn du etwas mit dem Atem tun kannst,
wirst du in der Welt sein und auch jenseits von ihr.
Osho

Der menschliche Körper ernährt sich von drei Stoffen: Fester Nahrung, Flüssigkeit, Sauerstoff. Ohne feste Nahrung überleben wir etwa einen Monat, ohne Flüssigkeit maximal eine Woche, ohne Sauerstoff bestenfalls ein paar Minuten. Diese Tatsache erhellt, wie wichtig das Atmen für die Erhaltung unseres Organismus ist.

Würden wir nur einen Bruchteil der Zeit und Energie, die wir für die Aufnahme von Speisen und Getränken aufwenden, dem Atmen widmen, würde unser Leben einen anderen Verlauf nehmen. Wir hätten mehr Kraft und stünden in einem anderen Bewußtsein. Der Atem übermittelt geistige Energie. Er verbindet uns mit der spirituellen Dimension.

Daß das Atmen für das Wohlbefinden des Menschen eine Schlüsselfunktion einnimmt, war immer schon bekannt. Der bewußte Umgang mit der Atmung hat eine uralte Tradition, auch im mitteleuropäischen Raum.

1908 eröffnete der Arzt Dr. A. Keller-Hoerschelmann aus Zürich eine Atemschule. In seinem Buch *Mein Atmungssystem* schrieb er im Vorwort:

Es ist an der Zeit, daß dem Volke mehr Aufklärung verschafft wird über die Wichtigkeit und den großen Nutzen einer richtigen Atemgymnastik. In meiner Praxis habe ich schon vielfach erprobt und gesehen, daß in manchen Fällen erstaunliche Erfolge durch dieses einfache Mittel zu erzielen sind. Nicht geringer ist der Nutzen für die Gesundheitspflege oder die Körperkultur; denn meiner Ansicht nach soll man das Vermeiden von Krankheit ebenso hoch einschätzen, wie das Heilen einer solchen.

1949 hat der deutsche Arzt Dr. Gustav Richard Heyer in seinem Buch *Vom Kraftfeld der Seele* die ganzheitliche Bedeutung des Atmens erläutert:

Der Atem aber, beiden Seiten des Lebendigen angehörig – dem Leiblichen wie dem Seelischen ebenso wie dem Unbewußten (dem »Autonomen«) und dem Bewußten (dem »Cerebralen«), dem Unwillkürlichen wie dem Willentlichen! – ist wie keine andere Funktion des Menschen geeignet, die via regia seiner Selbstfindung und -gestaltung zu sein.

Im seinem Buch: *Der Organismus der Seele* von 1951 schrieb er ausführlich über die unbegrenzte Wirkung der Atemübungen:

Ganz abgesehen von den Erfolgen der Atemtechnizismen vermittelt das Sich-Beschäftigen mit dem Atem, das Sich-Versenken in sein Geschehen, dem Menschen durch diese relative Willkürlichkeit eine weitere, wenn ich so sagen darf: naturphilosophische Einsicht am eigenen Leibe; nämlich darein, was Freiheit ist.

Weiter schrieb Dr. Heyer, daß die Atemthematik bereits damals (1951) innerhalb und außerhalb der ärztlichen Kreise breiten Raum einnahm und er nicht daran zweifele, daß sie in 50 Jahren (also heute) eminente Bedeutung haben werde.

Haben wir die letzten 50 Jahre etwas verpaßt? Werden uns seit mehreren Generationen wichtige Erkenntnisse vorenthalten?

In der Zwischenzeit wurden viele gute Atemmethoden erarbeitet, die zur Entwicklung des bewußten Atmens beigetragen haben. Leider ist das Gesundheitswesen immer noch nicht bereit, die Wichtigkeit solcher Behandlungen anzuerkennen und konkrete Schritte in die entsprechende Richtung zu unternehmen. So sind wir weiterhin auf das Engagement einzelner angewiesen. Ich hoffe aber, daß sich diese Situation bald ändern wird.

Bis dahin bleibt es jedem überlassen, in Selbstverantwortung die Eigeninitiative und Aufklärungsarbeit in seinem Umfeld zu übernehmen. Viel Krankheit und Leid könnte durch die Verbreitung des Wissens um die Wirkung des bewußten Atems vermieden werden. Es braucht oft nur ganz wenig, um erste Ergebnisse zu erzielen. Ich lege Ihnen wärmstens ans Herz, einen Versuch zu starten. Sie werden positiv überrascht sein.

In diesem Kapitel stelle ich Ihnen unterschiedliche Atemübungen vor. Ziel ist nicht, eine bestimmte Atemtechnik oder *richtiges* Atmen zu erlernen. Es geht darum, daß Sie mit Ihrem Atem näher in Kontakt kommen, sich mit ihm verbinden und ihn bewußt erleben. Durch das Üben gewöhnt sich der Körper an die erweiterte Atmung, die sich im Bedürfnis tiefer zu atmen zeigt.

Wählen Sie sich eine oder zwei Übungen aus, und versuchen Sie, sich täglich ein wenig Zeit dafür zu nehmen. Fünf Minuten sind besser als gar nichts. Sie werden nach kurzer Zeit die Wirkung und Veränderung spüren.

Die Übungen in der freien Natur durchführen zu können, ist ein Privileg. Sind Sie in einem Raum, achten Sie, daß er frisch gelüftet ist, oder falls möglich, die Fenster offen sind.

Atmen in Gruppen

Wer kennt nicht diese Gruppen-Situationen, bei denen man stundenlang dasitzt, zuhört und sich konzentriert?

Meist wird der Körper zusehends steifer, schwerer und der Kopf voller. Zur fortgeschrittenen Stunde ist es nur mit Mühe möglich, dem eigentlichen Inhalt zu folgen. Man startet unter Mobilisierung der letzten Kräfte den Versuch, die Müdigkeit zu überwinden. Es hilft nichts! Die Krise wirkt ansteckend, die Energie im Raum sinkt unaufhaltsam in den Keller.

Um solche Situationen zu vermeiden, braucht es nicht viel. Zwischendurch die Fenster öffnen, ein wenig Körperbewegung und ein paar tiefe Atemzüge sind die ideale Kombination, um frischen Wind in eine Runde zu bringen.

Atemübungen sind ideal, um sie in Gruppen durchzuführen. Sie sind einfach, und können als Auflockerung und Konzentrationsförderung wertvolle Hilfe leisten. Die Körperenergie fängt an zu fließen, der Kopf klärt sich, die Energie wird erneuert.

Atmen mit Kindern

Kinder haben meist einen ungestümen Bewegungsdrang. Leider ist es kaum zu vermeiden, daß sie diesen lebenserfüllten Trieb immer wieder unterdrücken müssen. Die Erwachsenen können versuchen, ihnen ein gesundes Verantwortungsbewußtsein und Rücksichtnahme zu vermitteln. Leider ist dies oft mit Einschränkungen und Konflikten verbunden.

Atemübungen fördern die Kinder, indem sie ihnen helfen, sich auszugleichen, sich zu konzentrieren und Selbstvertrauen zu entwickeln. Ob in der Schule oder zu Hause, sie sind eine willkommene Abwechslung und können spielerisch durchgeführt werden. Die Kinder haben meist sehr viel Freude daran und machen begeistert mit.

Leiten Sie die Atemübungen für Kinder mit Phantasie-
bildern an, indem Sie ihnen Kurzgeschichten erzählen. Die
folgenden Anleitungen sollen als Idee stehen. Machen Sie
den Kindern die Körperbewegungen vor und lassen Sie Ihrer Phantasie und der Kreativität der Kinder freien Lauf.

Die Kinder sollten mit Freude dabei sein. Zwingen Sie sie
nicht mitzumachen. Selbst als Beispiel voranzugehen, ist
meist die beste Motivation. Läßt sich das Kind trotzdem
nicht bewegen, ist das in Ordnung.

Sind wir mit unseren Gefühlen in Kontakt, wissen wir am
besten, was uns gut tut. Die Kinder sind meist ihrem Gefühl
sehr nahe, und es ist wichtig, daß wir sie selbst entscheiden
lassen.

Spannungen loslassen

Oft sind wir angespannt, blockiert und kreisen in unseren
Gedanken. Wir fühlen uns körperlich unwohl und psychisch
gereizt. In diesem Angespanntsein finden wir keine Ruhe und
können trotz körperlicher Erschöpfung nicht einschlafen.

Das sind akute Zeichen, die auf zu viel störende Energien in unserem Inneren hinweisen, welche unseren Lebensfluß blockieren.

Wenn Sie diese Gefühle kennen, stellen Sie sich folgende
Fragen:

- Warum kann ich nicht frei fließen?
- Wo bin ich mit meinem Umfeld in Spannungen und Un-
klarheiten?
- Was hindert mich in meiner persönlichen Lebensver-
wirklichung?
- Welche Situationen könnte oder müßte ich ändern?

Fühlen wir uns blockiert und beengt, reduzieren wir unbewußt den Atem. Die Situation wird zunehmend unangenehmer, der Stau immer größer. Dieser Teufelskreis kann sich bis zu völliger Auswegslosigkeit und dem Gefühl *aus der Haut fahren zu wollen* steigern.

Viele Methoden versprechen mit Entspannungsübungen eine Besserung. Die Stauungen werden künstlich beruhigt und geglättet, wodurch jedoch die Signalzeichen und die Chance, etwas zu verstehen, nicht wahrgenommen werden. Hält das Blockiertsein länger an, ist die Wahrscheinlichkeit groß, daß sich die Problematik in einem Krankheitssymptom äußert.

Ich habe die Erfahrung gemacht, daß bei Spannungen längerfristig nur eines hilft: die Blockaden müssen in Fluß gebracht werden. Gelingt es, die Psyche und den Körper davon zu befreien, folgen die Entspannung und die Entschlüsselung der damit zusammenhängenden Warnsignale wie von selbst.

Mit der Hilfe des Atmens ist es möglich, sich aus Engpässen zu befreien. Die folgende Übung können Sie, wann immer Sie die Gelegenheit haben, mehrmals am Tag durchführen.

Übung

1. Ziehen Sie die Schuhe aus und stellen Sie sich schulterbreit und aufrecht hin.
2. Atmen sie durch die Nase so tief wie möglich ein. Heben Sie die Arme nach oben und richten Sie den Blick in die Höhe. Achten Sie darauf, daß sich Ihr Brustkorb dehnt. Stellen Sie sich dabei vor, daß Sie in den ganzen Körper, bis in den Kopf und die Fingerspitzen hineinatmen.

3. Atmen sie durch den Mund so tief wie möglich aus, indem Sie sich nach vorne biegen. Lassen Sie den Oberkörper und die Arme möglichst entspannt hängen. Stellen Sie sich vor, daß Sie durch leichtes Schütteln des Kopfes, der Schultern, Arme und Hände alle überschüssige Energie abfließen lassen.

Sie können nach Belieben die Augen offen lassen oder schließen. Wiederholen Sie diese Übung 5 bis 20 mal.

Bei dieser Übung ist es möglich, daß Sie ein Vibrieren oder Kribbeln wahrnehmen. Dies ist die gestaute Energie, die ins Fließen kommt, und ein Zeichen, daß die Übung positiv wirkt.

Sollte es Ihnen schwindelig werden, können Sie auch sitzen. Überfordern Sie sich nicht und gehen Sie einfach soweit, wie es für Sie angenehm ist.

Anleitung für Kinder: Stell dir vor, du stehst in einem Garten unter einem Apfelbaum. Du möchtest einen Apfel pflücken, und mußt dich dafür ganz groß machen, so groß du kannst. Strecke deine Arme soweit als möglich in die Höhe und atme dazu so tief du kannst ein. Pflücke einen Apfel und leg ihn vor dir auf den Boden, indem du dich nach vorne hängen läßt und tief ausatmest.

Jetzt hole den nächsten Apfel, indem du dich wieder ganz groß machst, die Hände nach oben streckst und so tief du kannst einatmest. Nimm …

Oder:

Stell dir vor, du stehst auf einem hohen Berg unter dem Sternenhimmel. Du möchtest einen Stern herunterholen, und mußt dich dafür ganz groß machen, so groß du kannst. Strecke deine Arme soweit als möglich in den Himmel und atme dazu so tief du kannst ein. Nimm ganz vorsichtig einen Stern in die Hand und leg ihn vor dir auf den Boden, indem du dich nach vorne hängen läßt und tief ausatmest.

Jetzt hole den nächsten Stern, indem du dich wieder ganz groß machst, die Hände nach oben streckst und so tief du kannst einatmest. Nimm ...

Disharmonien ausgleichen

Man muß Chaos in sich haben,
um einen tanzenden Stern gebären zu können.
Friedrich Nietzsche

Das Leben kann nicht nur harmonisch sein. Den meisten Veränderungen geht Disharmonie oder Chaos voraus. Dies ist nötig, damit sich die alten Strukturen aufweichen und lösen. Bestehendes wird in Frage gestellt, neue Wege werden gefunden. Manchmal gibt es Zeiten, in denen wir von den Turbulenzen des Lebens überfordert sind. Kein Stein bleibt auf dem anderen, und wir wissen oft nicht mehr, was oben und was unten ist. Dieses Gefühl des *Nicht-abschalten-Könnens* und das unentwegte Kreisen der Gedanken im Kopf sind Zeichen, daß wir etwas für uns tun sollten. Es ist wichtig, die eigene Mitte und die innere Balance wiederzufinden.

Die folgende Atemübung wirkt befreiend und gleichzeitig ausgleichend. Sie ist ideal, um sich möglichst schnell von Anstrengungen zu erholen und um sich zu sammeln. Auch wenn Sie nicht einschlafen können, ist ihre Wirkung geradezu phänomenal.

Übung

1. Legen Sie sich warm zugedeckt auf den Rücken, die Füße nebeneinander. Eine Hand legen Sie auf den Bauch, die

andere auf den Herzbereich oder auf den Kopf. Achten Sie darauf, daß die Arme entspannt liegen und nicht aus eigener Kraft gehalten werden. Sollte dies nicht der Fall sein, so legen Sie genügend Kissen unter, damit es bequem ist.

2. Atmen Sie durch die Nase zuerst tief in den Bauch und dann hinauf in den Brustkorb bis in den Kopf.
3. Atmen Sie durch den Mund aus und stellen Sie sich vor, daß Sie alle störenden Gedanken und Spannungen abfließen lassen.

Schließen Sie während der Übung die Augen. Wiederholen Sie die Atemzüge 5 bis 20 Min. lang.

Anleitung für Kinder: Lege dich auf den Boden (Bett ...) und lege die eine Hand auf den Bauch und die andere auf den Kopf. Stell dir vor, daß du ein Luftballon bist. Welche Farbe hast du? (Auf die Antwort warten) Nun atme durch die Nase ganz tief ein und blase dadurch den Luftballon so fest du kannst auf. Wenn der Luftballon ganz groß ist, laß mit Zischen und Brausen die Luft durch den Mund heraus. Laß alle Luft heraus, bis der Luftballon ganz leer bist.

Nun atme wieder durch die Nase ganz tief ein und blase dadurch den Luftballon so fest du kannst auf. Wenn der Luftballon ganz groß ist, laß ...

Energie tanken

Nach anstrengenden Tätigkeiten oder lange anhaltender Kopfarbeit fühlen wir uns oft müde, ausgepumpt und erschöpft. Dies muß nicht sein. Mit Hilfe des Atems können wir Energie tanken und uns auch zwischendurch schnell regenerieren. Wir haben die Möglichkeit, mit einfachen Übungen den Körper zu beleben, zu reinigen und zu erfrischen.

Folgende einfache Atmung können Sie, wann immer Sie das Bedürfnis haben, durchführen. Ob im Sitzen, im Stehen, beim Autofahren oder bei einem Spaziergang, Sie müssen sich nur einen Moment Zeit nehmen und Ihre Aufmerksamkeit auf den Atem lenken.

Wenn sie die Atemzüge intensiv und mit voller Konzentration durchführen, reichen mit etwas Übung ein bis zwei Minuten. Die Erschöpfung verschwindet innerhalb kürzester Zeit. Je frischer die Luft ist, in der Sie atmen, um so effektiver ist die Übung.

Übung

1. Atmen Sie, ohne abzusetzen, in verbundenen Atemzügen, so schnell Sie können, tief durch die Nase ein und aus.
2. Stellen Sie sich vor, daß der Sauerstoff durch die Nase, direkt durch die Augenhöhlen in das Hirn strömt und den ganzen Kopf belebt.

Sollte es Ihnen schwindelig werden, so setzen Sie sich hin und ruhen Sie sich einen Moment aus. Ihr Körper muß sich erst an diese intensive Atmung und die vermehrte Sauerstoffzufuhr gewöhnen. Mit der normalen Atmung geht das Gefühl des Schwindels schnell wieder weg.

Wenn Sie sich nach dieser Übung immer noch ausgelaugt fühlen, sollten Sie sich so bald wie möglich ausruhen. Dann befinden Sie sich in einer körperlichen Erschöpfung, die ernstzunehmen ist. Gönnen Sie sich unbedingt Ruhe und Schlaf!

Anleitung für Kinder: Stell dir vor, du sitzt im Wald auf dem Boden. Vor dir liegt ein Holzstamm. Du hast eine Säge und sägst mit ihr den Holzstamm durch. Atme bei jeder Bewegung durch die Nase ein und aus. Säge so schnell du kannst. Achte darauf, daß du intensiv atmest. Dadurch hast du viel Kraft zum Sägen. (Die Bewegung und das Atmen vormachen)

Balance und Konzentration fördern

Viele Dinge im Leben fordern unsere volle Konzentration.

Sind wir zerstreut, ablenkbar oder haben einfach keine Lust, sollten wir uns fragen, ob das, was wir tun, unserem Wunsch entspricht. Freut uns eine Tätigkeit, dann sind wir begeistert und brauchen keine Überwindung. Stellen sich beim größten Teil der Arbeit Widerstände ein, sind das deutliche Zeichen, daß wir etwas an unserer Situation ändern sollten.

Für die Förderung der Balance und Konzentration liegt im Atem eine wertvolle Hilfe. Das Zerstreut- und Abgelenktsein spiegelt sich in der Art der Atmung wider. Wenn Sie sich in solchen Situationen beobachten, werden Sie feststellen, daß der Atem unregelmäßig, oberflächlich und stockend ist. Es geht nun darum, den Atem durch einen gleichmäßig fließenden Rhythmus zu sammeln, wodurch sich die Persönlichkeit zentriert.

Übung

1. Wo immer Sie sind, was immer Sie tun, beobachten Sie Ihren Atem. Wie ist er? Schnell/langsam, tief/oberflächlich, lang/kurz, hektisch/ruhig, ungleichmäßig/ausgeglichen? Wie atmen Sie? Nehmen Sie Ihren Atem ohne zu werten wahr.

2. Nun versuchen Sie, in ein fließendes, rhythmisches Atmen zu kommen. Wichtig ist dabei nicht irgendein *richtiges* Atmen, sondern Ihr ganz persönlicher Rhythmus. Sie sollen sich wohl fühlen. Experimentieren Sie, bis Sie ihn gefunden haben.
3. Haben Sie ihn gefunden, schwingen Sie sich in Ihren Rhythmus ein. Versuchen Sie, darin zu bleiben. Sobald Sie herausfallen, führt Sie das bewußte Atmen in Ihren Rhythmus zurück.

Diese Übung ist als Hilfestellung gedacht. Sie erfordert Geduld, Selbstbeobachtung und kontinuierliche Anwendung.

Mit der Zeit entwickeln Sie große Sensibilität für sich selbst. Sie nehmen sich besser wahr und erkennen schnell, wenn Sie aus Ihrer Balance fallen. Mit wenigen Atemzügen finden Sie wieder Ihren Rhythmus und können sich problemlos konzentrieren.

Anleitung für Kinder: Stell dir vor, du sitzt auf einer Schaukel. Du schaukelst hin und her. Wenn du nach vorne schaukelst, atmest du tief ein, schaukelst du nach hinten, atmest du tief aus. Du schaukelst nach vorne und atmest ein, du schaukelst nach hinten und atmest aus. Einatmen – ausatmen – einatmen – ausatmen. Du schaukelst nach vorne und atmest ein, du schaukelst nach hinten und atmest aus. Einatmen – ausatmen …

Zukunft schöpferisch gestalten

Sie haben etwas vor:

- eine Besprechung, vor der Sie nervös sind,

- eine Prüfung, die Sie so gut wie möglich machen möchten,
- ein Vorstellungsgespräch, das Sie verunsichert,
- eine Flugreise, die Ihnen unangenehm ist,
- eine Operation, die Sie befürchten,
- ein Umzug, der Sie überfordert,
- etc.

Reagieren Sie auf die Herausforderungen des Lebens manchmal auch mit dem Gefühl, überfordert und ausgeliefert zu sein? Beginnen Sie, die Zukunft schöpferisch zu gestalten. Mit Hilfe der inneren Bilder und des Atems ist es möglich, sich energetisch optimal vorzubereiten und sicherer zu werden.

Die folgende Übung scheint im ersten Moment vielleicht kompliziert und aufwendig zu sein. Sie ist es nicht. Versuchen Sie es und geben Sie nicht gleich auf. Für Ungeübte bedarf es der Geduld.

Für mich ist es eine wunderschöne, hilfreiche Meditation, die mich mit der *geistigen Kraft* in Kontakt bringt. Sie hilft mir, mich auf das Wesentliche zu besinnen und stärkt mein Urvertrauen.

Planen Sie mindestens 15 Min. ein und achten Sie darauf, daß Sie nicht gestört werden.

Als Vorbereitung machen Sie je nach Bedürfnis die Übung *Spannungen lösen* oder *Balance und Konzentration fördern*.

Sobald Sie sich ruhig und in Balance fühlen, können Sie wie folgt vorgehen:

Übung

1. Setzen oder legen Sie sich hin, schließen Sie die Augen und atmen Sie gleichmäßig und fließend in Ihren Bauch.

2. Stellen Sie sich vor, daß an Ihrem Steißbein ein orangefarbiges Seil befestigt ist, das Sie fest mit der Erde verankert.

3. Nun gehen Sie in der Vorstellung an den Ort Ihres zukünftigen Ereignisses (Besprechungszimmer, Flugzeug, Operationssaal, etc.).

4. Stellen Sie sich vor, daß Sie dort sind. Visualisieren Sie in Ihrer inneren Phantasiewelt die Situation, wie sie sich abspielen könnte.

5. Stellen Sie sich vor, daß Sie ganz ruhig sind und daß Ihre Ein- und Ausatmung gleichmäßig in Ihrem persönlichen Rhythmus fließt.

6. Stellen Sie sich vor, daß sich Ihr Atem wie eine strahlende Wolke aus Licht im Raum verströmt und sich mit den anwesenden Menschen verbindet.

7. Stellen Sie sich vor, daß sich alle wohl und geborgen fühlen.

8. Bitten Sie bei der *geistigen Kraft* in Ihren Worten um Unterstützung und Hilfe, damit das Beste für alle Anwesenden geschehen möge.

9. Seien Sie aufmerksam, ob Sie von einem *inneren Gefühl* Informationen bekommen. Dies könnten Botschaften zum Ablauf des Geschehens oder Antworten auf Fragen sein.

10. Bedanken Sie sich mit Ihren Gefühlen und Ihren Worten für diese Meditation.

11. Schließen Sie dann in Ihrem Tempo die Meditation ab und kommen Sie, indem Sie ein paar tiefe Atemzüge nehmen, in Ihren Körper ins Hier und Jetzt zurück.

Anleitung für Kinder: Zum Beispiel bei Angst vor einer Prüfung:

Setze oder lege dich hin und schließe die Augen. Spüre deinen Bauch, wie er sich durch das Atmen hebt und senkt.

Stelle dir vor, du bist in der Schule und gehst in dein Klassenzimmer. Du setzt dich an deinen Platz. Der Lehrer teilt die Prüfung aus. Du sitzt vor den Blättern und bist ganz ruhig.

Stelle dir vor, du bist eine Sonne. Mit jedem Atemzug wird diese Sonne größer. Du strahlst ganz hell in die ganze Klasse. Du fühlst dich wohl, warm und geborgen.

Bitte die *geistige Kraft* (z.B. Schutzengel), daß sie dich beschützt und dir hilft, die Prüfung möglichst gut zu machen.

Wie geht es dir? Spürst oder siehst du etwas Besonderes? (Eventuell darüber sprechen.)

Abschluß: Bedanke dich für diese Bilder und komm wieder hierher zurück.

Licht aktivieren

Immer, wenn du meinst es geht nicht mehr,
kommt von irgendwo ein Lichtlein her,
daß du es noch einmal wieder zwingst
und von Sonnenschein und Freude singst,
leichter trägst des Alltags harte Last
und wieder Kraft und Mut und Glauben hast.
Volksmund

In den Zeiten der Dunkelheit bleiben die Nacht oder kalte, graue Wintertage oft nicht draußen, sondern breiten sich auch in unserem Innern aus. Alles erscheint dann grau in grau, sinnlos und zum Teil ohne Hoffnung.

Das Leben kann nicht nur heller Sonnenschein sein. So wie dem Tag die Nacht folgt, werde ich nach einer lichtvollen Zeit eine beschattete Zeit erleben. Was ich in meinem Leben als hell und gut oder dunkel und schlecht erlebe, ist subjektiv. Mit meiner Bewußtseinsentwicklung wandelt sich oft das Gute in etwas Schlechtes oder umgekehrt.

Lichtarbeit bringt Helligkeit und Klarheit in schwierige Zeiten. Dadurch wird es leichter, den Lernprozeß zu verstehen und anzunehmen. Wir bekommen Kraft und Vertrauen, um die nötigen Veränderungen anzugehen.

Das Universum ist voller Licht. Dunkel werden wir durch unsere Angst. Lichtarbeit ist eine wertvolle Unterstützung auf dem Weg zu Erkenntnis und Selbstfindung. Sie läßt unser Wesen *heller* und *strahlender* werden.

Mit Lichtarbeit meine ich nicht dieses oft praktizierte *Gesundbeten* und illusionäre Trösten. Dort werden Probleme mit *Licht und Liebe* und *Schönreden* überdeckt und glattgebügelt. Doch es ist nur eine Frage der Zeit, bis sich die untere Schicht um so heftiger meldet. Positives Denken kann manchmal Krisen vorübergehend überbrücken, ist jedoch keine wirkliche Lösung.

Wird positives Denken über eine längere Zeit angewendet, kann eine Persönlichkeitsspaltung entstehen, die tragische Folgen haben kann. Die Betreffenden fühlen sich zwischen der persönlichen Realität und den angeeigneten positiven Gedanken hin und her gerissen und entfernen sich immer mehr von den eigenen Empfindungen. Wichtig ist es, die eigenen Gefühle wahrzunehmen und authentisch zu werden.

Die folgende Atemübung kann helfen, auf ganz natürliche Art und Weise, die Dunkelheit mit Licht zu erfüllen. Sie kann Sie mit Ihrem geistigen, lichtvollen Kern in Kontakt bringen. Ihre Wirkung ist auf allen Ebenen reinigend, selbstheilend und läßt Sie neue geistige Dimensionen erleben.

Wie bei allem Neuen, brauchen wir vor allem bei dieser Übung Geduld und Hingabe. Sie werden beim Üben Unterschiedliches und Überraschungen erleben.

Licht und Erkenntnisse lassen sich nicht zwingen. Persönliche Erwartungen werden meist nicht erfüllt. Es geschieht, was geschehen soll. Im Sinne des Christentums: *Herr, Dein Wille geschehe* oder des Hinduismus: *Om namaha Shivaya* geben wir unseren Willen ab, um uns für den *göttlichen Plan* zu öffnen.

Bei der Anwendung können die verschiedensten Phänomene auftauchen. Vielleicht verstärken sich während der Übung Dunkelheit und Probleme. Oder Problemlösungen und Ideen leuchten wie Geistesblitze auf. Ein andermal kann es sein, daß Sie völlig unerwartet in ein Meer von Ruhe und Liebe getaucht werden.

Alles ist in Ordnung. Es geht nicht um besser oder schlechter. Es ist, wie es ist.

Die Verbindung von Licht und Atem ist für mich die intensivste Form der Meditation und Heilung, die Vereinigung der geistigen und körperlichen Ebene.

Wenn Sie sich auf den Prozeß einlassen, werden Sie überrascht sein, welche Welten sich Ihnen öffnen. Es soll Ihr ganz persönlicher Prozeß sein. Die Beschreibung der folgenden Übung kann Ihnen einen Rahmen geben. Mit der Zeit werden Sie daraus Ihre eigene, Ihnen entsprechende Form entwickeln.

Bei dieser Licht-Meditation empfehle ich für die Kinder, dieselbe Anleitung anzuwenden. Sind Sie selbst mit dieser Meditation vertraut, so folgen Ihnen die Kinder in Andacht und Liebe.

Lassen Sie sich von der Stimme Ihres Herzens führen.

Übung

1. Machen Sie es sich bequem.
2. Schließen Sie, wenn möglich, Ihre Augen.

3. Bitten Sie bei der »geistigen Kraft« mit Ihren Gefühlen und in Ihren Worten um Licht.

4. Stellen Sie sich vor, das sich Ihre Schädeldecke wie eine Blume am Morgen öffnet.

5. Stellen Sie sich vor, daß das Universum voller Licht ist.

6. Mit jedem Einatmen fließt dieses Licht wie ein Wasserfall in Ihren Kopf herein.

7. Lassen Sie es mit dem Ausatmen weiter durch Ihren Körper fließen: Schulter, Arme, Hände, Oberkörper, Becken, Beine, Füße. Alles Dunkle fließt ab.

8. Mit jedem weiteren Einatmen fließt weiteres Licht herein, gehen Sie Schritt für Schritt vor, bis Sie sich ganz hell sehen.

9. Stellen Sie sich nun vor, daß Sie wie eine Sonne strahlen und sich Ihr Herz wie eine Blume am Morgen öffnet.

10. Spüren Sie Ihre Liebe.

11. Nehmen Sie Ihre Gedanken und Gefühle wahr und seien Sie für alles, was da ist, offen.

12. Haben Sie Fragen, so stellen Sie sie. Seien Sie für alle Antworten, wie auch immer sie aussehen mögen, offen.

13. Beendigen Sie die Übung in Ihrem Tempo, indem Sie sich vorstellen, daß sich Ihre Schädeldecke und Ihr Herz soweit es für Sie stimmt, wie eine Blume am Abend schließt.

14. Bedanken Sie sich mit Ihren Gefühlen und Ihren Worten für diese Meditation.

VI

Die Geburt – Die Lebenswende – Der Tod

Die Lebenszyklen

»Dies ist es«, sagte Siddhartha. »Und als ich es gelernt hatte,
da sah ich mein Leben an, und es war auch ein Fluß, und es
war der Knabe Siddhartha vom Manne Siddhartha und vom
Greis Siddhartha nur durch Schatten getrennt, nicht durch
Wirkliches. Es waren auch Siddharthas frühere Geburten
keine Vergangenheit, und sein Tod und seine Rückkehr zu
'Brahma keine Zukunft. Nichts war, nichts wird sein; alles ist,
alles hat Wesen und Gegenwart.«
Hermann Hesse

Im Laufe eines irdischen Lebens durchschreiten wir verschiedene Zyklen; Embryonalzeit, Geburt, Kindheit, Pubertät, Jugend, Mutter- und Vaterschaft (im biologischen oder/
und seelisch-geistigen Sinne), Lebenswende, Alter und Tod.

In jedem Atemzug sind alle unsere Lebenszyklen enthalten. Mit dem Einatmen werden wir geboren und erobern
die Welt, in der Fülle des Lungenvolumens stehen wir auf
unserem energetischen Höhepunkt, mit dem Ausatmen ziehen wir uns zurück und sterben schlußendlich. Wie im Kleinen, so im Großen.

Jeder Lebenszyklus birgt Erfahrungschancen und Lern-
aufgaben in sich. Nehmen wir die Herausforderungen eines
solchen Abschnittes nicht wahr, schleppen wir das Manko
im nächsten Zyklus mit. Das Ergebnis ist, daß es erwachsene Menschen gibt, die in ihrer psychischen Entwicklung im
Bewußtsein eines pubertierenden Teenagers oder Kleinkin-
des steckengeblieben sind. Dabei meine ich nicht das kind-
liche Gemüt, das sich manche Menschen als herzerfri-
schenden Teil ihrer Persönlichkeit bewahren konnten. Ich
meine das kindische, destruktive und nicht dem Alter und
der Situation adäquate Verhalten. Ein solches drückt sich
meist nur zwischen den Zeilen aus, ist jedoch mit etwas kri-

tischer Beobachtung (auch an sich selbst) leicht zu durchschauen.

Wir suchen nach Ersatzeltern, die möglichst perfekt unsere persönlichen Schwächen ausgleichen sollten. Wer träumt nicht von der verständnisvollen Superfrau oder dem allzeit bereiten Supermann? Wer will nicht gelobt, geliebt und gehätschelt sein? Erfüllen sich diese bescheidenen Wünsche nicht, haben wir keine Mühe, die Schuldigen ausfindig zu machen.

Unumgänglich öffnen sich auf unserem Lebensweg verschiedenste Krisen wie riesige Krater. In einer Mischung von Staunen und Entrüstung fragen wir: Warum gerade ich?

Ist das Schicksal? Nein! Es ist das Ergebnis unseres bisherigen Lebens. Wenn wir ehrlich mit uns umgehen, können wir verstehen, warum es ist, wie es ist. Wir werden sogar an den Punkt kommen, wo wir wissen, daß es logisch und folgerichtig ist, gar nicht anders sein kann.

Oft werde ich in Beratungen von Menschen, die zwischen 30 und 40 Jahre alt sind, gefragt: »Warum ist jetzt alles schwieriger als vor 10 Jahren?«.

Meine Antwort: »Es ist eine andere Zeit. Der Bonus der Jugend ist vorbei. Es geht jetzt darum, erwachsen zu werden, Verantwortung zu übernehmen und sich den ernsteren Dingen des Lebens zuzuwenden.«

Die Menschen sind erleichtert, das zu hören. Sie können es nun verstehen, müssen nicht mehr den Fehler bei sich oder in ihrem Umfeld suchen. Ihre Krise ist das Natürlichste der Welt. Sie ist ein wichtiger Bestandteil ihres Reifungsprozesses.

Rüdiger Dahlke hat sein Buch *Lebenskrisen als Entwicklungschancen* diesen Themen gewidmet. Er erläutert darin die verschiedenen Entwicklungsstufen, deren Bedeutung und welche Folgen es für den weiteren Lebensweg hat, wenn eine Entwicklungsstufe nicht integriert wird.

Die folgenden drei Abschnitte gehen auf drei dieser Lebenspunkte ein. Ich habe sie nicht nach Kriterien der Wichtigkeit ausgewählt. Sie eignen sich meines Erachtens, um die Bedeutung des Atmens zu erläutern. Mit bewußtem Atmen können wir alle Übergänge leichter und fließender schaffen. Wir atmen das Alte aus und das Neue ein. Das eine löst das andere ab, reicht sich selbstverständlich die Hand. So können wir, ohne steckenzubleiben von einer Ebene zur nächsten wechseln.

Die Geburt

Nein, so soll es nicht mehr sein!
Um deines Kindes willen fasse Mut,
richte dich wieder auf!
Sieh das Lächeln aus Kraft und Licht,
öffne dich, dich selbst dafür!
Befreie deinen Atem,
laß dich in Freude gebären.
Wähl' den anderen Weg!
Frédérick Leboyer

Die Geburt ist das prägendste Ereignis unseres Lebens. Mit dem ersten Atemzug steigen wir in die Polarität und die Gesetzmäßigkeit dieser Erde ein. Wir sind der Ausdruck der Zeitqualität, die bei unserer Geburt geherrscht hat. Die ersten Minuten unseres Lebens sind deshalb für den weiteren Verlauf wegweisend.

Die Astrologie zeigt diese Zeitqualität auf und muß exakt auf den ersten Atemzug erstellt werden. Mit Hilfe des Horoskops können wir die Landkarte des Menschen sehen, nicht aber, wie er seine Landschaft nutzt. Die Freiheit liegt im

Umgang mit sich selbst, mit den Mitmenschen und mit den Umständen. Der Lebensweg und der größte Teil des Schicksals wird durch das Verhalten des Menschen selbst kreiert.

Die Umstände der Geburt entsprechen dem Lebensmuster. Wenn wir uns bei unseren Müttern erkundigen, wie unsere eigene Geburt war, können wir manche Lebensgewohnheit daraus erkennen.

Eine Frühgeburt ist eher ungeduldig, eine Sturzgeburt überstürzt die Dinge, eine Querlage stellt sich gerne quer, ein Kaiserschnitt bevorzugt den leichtesten Weg, ein übertragenes Baby läßt sich Zeit, etc.

Natürlich kann man diese Aussagen nicht so profan übersetzen, wie ich es eben getan habe. Es kommen verschiedene Faktoren zusammen, die kombiniert werden müssen. Mir geht es nur um den Hinweis, daß Geburtserlebnisse gedeutet werden können.

Viele von uns haben ein Geburtstrauma. Dabei ist meist nicht die ganze Geburt, sondern einzelne Ausschnitte wie Geburtsangst, Engegefühl, Erstickungsangst, Kälteschock, Verlassenheitschock u.ä. traumatisch im Unbewußten abgespeichert. Oft sind Persönlichkeitsanteile immer noch energetisch mit der Geburt oder der Mutter verbunden. Bei Menschen, die von einem Geburtstrauma geprägt sind, ist die Wahrscheinlichkeit groß, daß sie gefühlsmäßig noch nicht ganz auf der Erde angekommen sind. Sie hängen, meist ohne daß es ihnen bewußt ist, zwischen den Welten. Sie haben Ängste und Grenzen, die durch ihre momentane Situation nicht erklärbar sind. Der Ursprung liegt tiefer. Sie sind von ihrer Geburt und den ersten Minuten ihres Lebens bestimmt.

Mit dem Integrations-Atmen können diese Traumata aufgearbeitet werden. Durch das Atmen steigen die Erinnerungen ins Bewußtsein. Geht der Betreffende durch die unverarbeiteten Gefühle, löst sich die Blockade. Viele Ängste, die im Jetzt lebensbestimmend waren, fallen weg. Es wird möglich, die Autonomie zu finden, die Bedürfnisse zu spüren und den persönlichen Weg zu gehen. Die Aufarbeitung des Geburtstraumas ist eine wertvolle und unbeschreibliche Befreiung.

Die Gynäkologie schlug früher leider einen unnatürlichen Weg ein. Dank Aufklärungsarbeit wird heute vieles besser gemacht. Wir wissen, daß das Baby fühlt und die Geburt wahrnimmt. Die aus den Geburtserlebnissen entstehenden psychischen Folgen sind heute nachgewiesen.

Im folgenden möchte ich die Geburt unter unnatürlichen und natürlichen Bedingungen aufzeigen und auf die Bedeutung des Atems eingehen.

Die unnatürliche Geburt

Für Babys ist das Geborenwerden kein erfreuliches Ereignis. Die meisten von uns wurden unter Schmerzen und Ängsten, mit menschenunwürdigen medizinischen Maßnahmen in Kreißsälen geboren. Die Technik bietet scheinbare Sicherheit. Diese Sicherheit hat ihren Preis: Die Natürlichkeit geht verloren. Frauen und Babys werden in ihren wahren Bedürfnissen nicht gesehen und ernstgenommen.

Viele Mütter stehen unter Druck und werden mit ihren Ängsten alleingelassen. Zu schnell werden medizinische Maßnahmen wie Wehenmittel, Betäubungsmittel, Dammschnitt und Kaiserschnitt angewendet.

Ist das Baby geboren, wird es von grellen Lampen geblendet und erleidet durch den Temperaturunterschied einen Kälteschock.

Die Nabelschnur wird zu schnell durchschnitten, wodurch sich für das Baby die Trennung von der Mutter zu plötzlich vollzieht. Durch diese Abtrennung der Sauerstoffzufuhr kann es sein, daß das Baby unter Schock gezwungen wird, den ersten Atemzug zu nehmen.

Früher war es üblich, das Baby an den Füßen zu halten und kopfüber hängenzulassen. Der Schlag auf den Po sollte das Schreien und die Kräftigung der Lungen bewirken. Unter Hektik erfolgten Blutabnahme, Impfungen, Wiegen, Waschen etc.

Was für ein Empfang auf dieser Erde!

Als Geburtstrauma lagert sich das Erlebnis im Unbewußten ab. Wird es später nicht integriert, wirkt es ein Leben lang nach. Den Geburtsbedingungen entsprechend erscheint uns die Welt kalt, lieblos und anstrengend. Das Urvertrauen fehlt, das Leben wird unter Umständen ein freudloser Kampf.

Die natürliche Geburt

In unserer modernen Zivilisation müssen wir uns über die natürliche Geburt Gedanken machen. Zurück zur Natur lautet das Motto. Gebären ist Frauensache. Lassen wir den Müttern und Hebammen den natürlichen Zugang, ist alles leichter. Mit dieser Aussage möchte ich keinesfalls die Väter aus dem Geburtszimmer verbannen, sondern dem *goldenen Kalb* Medizin den Platz zuweisen, der ihm zusteht.

Es liegt an uns Frauen, uns mit der Geburt auseinanderzusetzen und unsere persönlichen Geburtserlebnisse aufzuarbeiten. Dann kann dieses unbeschreibliche Erlebnis eine Einweihung werden.

Optimal ist es, wenn die Mutter sich schon während der Schwangerschaft auf das Baby einstimmt. Im inneren Dialog kann sie in ihrer Mutterschaft wachsen und sich mit ihrem Kind auf die Geburt vorbereiten. Ängste werden abgebaut, das Vertrauen wächst.

Die natürliche Geburt wird den Bedürfnissen von Mutter und Kind gerecht. Wir achten auf eine ruhige und angenehme Atmosphäre. Ein schöner Raum, der Geborgenheit ausstrahlt, kann in jeder Klinik, ohne großen Aufwand, geschaffen werden. Je nach Bedürfnis der Mutter werden Musik, Düfte und entsprechendes Licht eingesetzt.

Die Mutter wählt ihre bevorzugte Geburtsstellung. Mit Badewanne, Geburtsstuhl und Kissen ist es ihr möglich, die Stellung nach Wunsch zu verändern. Massagen und persönliche Betreuung helfen ihr, mit den verschiedenen Geburtsphasen zu fließen.

Das Neugeborene wird als erstes der Mutter in die Arme gelegt. Dadurch nehmen sie sich gegenseitig mit ihrem Geruchsinn wahr. Die Verbindung von Mutter und Kind wird vom Instinkt her geprägt. Die Nabelschnur wird erst durchtrennt, wenn sie nicht mehr pulsiert und das Baby selbst atmet. Die Käseschmiere an der Haut des Babys ist ein natürlicher Schutz und wird nicht gleich abgewaschen.

Medizinische Hilfe wird nur angewendet, wenn sie nötig ist. Wird sie sinnvoll eingesetzt, ist nichts dagegen einzuwenden. Im Gegenteil. Wir müssen versuchen, die moderne Technik und ihre Fortschritte mit der Natürlichkeit zu verbinden.

Mit Atemkraft gebären

Das Atmen bei der Geburt ist einer der zentralsten und wichtigsten Faktoren.

Jede Geburt ist mit Schmerzen verbunden. Im Schmerz liegt die Kraft, die nötig ist, das Baby hinauszupressen. Wehrt sich die Mutter gegen die Schmerzen, blockiert sie den Geburtsvorgang. Der Atem hilft, in der Kraft der Schmerzen mitzugehen und sie durchfließen zu lassen. Die Gebärende kann mit Hilfe des Atmens in den Wellen der Wehen mitfließen.

Wichtig ist, daß die Gebärende ihrem Atem vertraut und sich von ihm tragen läßt. Das ist erlernbar und mit wenigen

Atemsitzungen möglich. In den üblichen Schwangerschafts-
vorbereitungen wird kontrolliertes Atmen unterrichtet. Diese Atemübungen sind nicht mit dem intensiven, befreienden
Atmen vergleichbar, welches darauf abzielt, die Kontrolle
und das Festhalten loszulassen.

Aus Erzählungen verschiedener Mütter habe ich erfahren,
wie sehr das fließende Atmen bei der Geburt geholfen hat.

Immer wieder erlebe ich, wie Mütter die Geburt ihrer
Kinder in Sitzungen aufarbeiten. Sie reaktivieren die unverarbeiteten Anteile der Geburt und bekommen dadurch eine
neue, tiefere Beziehung zu ihren Kindern. Zurückgebliebene
Blockaden, Schmerzen und Ängste werden verarbeitet und
stehen ihnen nicht mehr im Wege.

Die Lebenswende

*Mit der Erlangung der Reife und des Höhepunktes des
biologischen Lebens, welcher ungefähr mit der Lebensmitte
zusammenfällt, hört aber die Zielstrebigkeit des Lebens
keineswegs auf. Mit derselben Intensität und
Unaufhaltsamkeit, mit der es vor der Lebensmitte bergauf ging,
geht es jetzt bergab, denn das Ziel liegt nicht auf dem Gipfel,
sondern im Tale, wo der Aufstieg begann.
Ein Junger, der nicht kämpft und siegt, hat das Beste seiner
Jugend verpaßt, und ein Alter, welcher auf das Geheimnis
der Bäche, die von Gipfeln in Täler rauschen,
nicht zu lauschen versteht, ist sinnlos, eine geistige Mumie,
welche nichts ist als erstarrte Vergangenheit.*
Carl Gustav Jung

Carl Gustav Jung vergleicht den Lebensweg mit dem Bild
der aufgestiegenen Sonne, die nach der Lebensmitte im

Begriff ist abzusteigen. Dieser *Höhepunkt* des Lebens, der durchschnittlich mit 38 bis 45 Jahren beginnt, fordert eine Orientierung nach neuen Werten. *Umzukehren* ist die Aufgabe, sich um die fehlenden Anteile zu bemühen.

In der Lebensmitte geht es um die Aktivierung unbewußter Anteile. Jung erklärt das mit den Archetypen der Seele, mit Anima (das Weibliche im Unbewußten des Mannes) und Animus (das Männliche im Unbewußten der Frau). Die Aufgabe der Frau ist es, mehr nach außen zu gehen, sich um soziale gesellschaftliche Anliegen zu kümmern. Der Mann sollte sich seinen inneren, weichen Bereichen annehmen.

Dieser Prozeß ist nicht einfach und oft mit Krisen verbunden. Das Loslassen fällt schwer. Die sogenannte *Midlifecrisis* überschattet den perfekt organisierten Alltag. Partnerschaften geraten ins Wanken. Plötzlich versteht man sich und das Umfeld nicht mehr.

Jung betont, daß es mit der Annäherung an die Lebensmitte wichtig ist, die persönliche Einstellung und soziale Lage zu finden und zu festigen. Das Streben nach Einheit, das der Mensch bis dahin immer im Außen suchte, findet er in der innerern Vereinigung. Jung:

Dies ist, was zur Zeit des Lebensmittags überaus häufig geschieht; und auf diese Weise erzwingt die merkwürdige Natur des Menschen jenen Übergang aus der ersten in die zweite Lebenshälfte, die Verwandlung aus einem Zustand, wo der Mensch nur Werkzeug seiner Triebnatur ist, in einen anderen Zustand, wo er nicht mehr Werkzeug, sondern er selbst ist – eine Wandlung von Natur in Kultur, von Trieb in Geist.

Er fügt an, daß dieser Übergang ein langer Weg ist, und die allermeisten auf diesem Wege stecken bleiben.

Hitzewallungen, Schweißausbrüche, Prostataprobleme, Blasenschwäche, Depressionen u.a. sind bekannte körperliche Symptome und Begleiterscheinungen dieser Jahre des Wechselns von einer Lebensphase in die nächste. Alle diese Symptome haben mit Loslassen zu tun. Die Psyche und die körperliche Struktur verändern sich. Das Feuer der Hitzewallung verbrennt Altes und hilft, die notwendige Transformation zu vollziehen.

Wer den inneren Umwandlungsprozeß abwehrt, verlegt den Kampfschauplatz auf die körperliche Ebene. Dieser persönliche Krieg wird mit einem Hilfsgeschwader von pharmazeutischen Produkten geführt. Ein Krieg ohne Ende, der das Leben mit einer Folge von Nebenwirkungen erschwert.

Mit Hilfe des Atems habe ich unglaubliche Linderung dieser Beschwerden erlebt. Das Atmen hilft, Stauungen und Blockaden aufzulösen. Der Übergang in die zweite Lebenshälfte wird als Befreiung erlebt, das neue Leben als Geschenk angenommen.

Versuchen Sie, wann immer Sie Stauungen, Druck, Enge oder Hitze verspüren, tief zu atmen. Atmen Sie in diese Symptome hinein. Atmen Sie weiter, auch wenn sich im ersten Moment das unangenehme Gefühl verstärkt. Wann immer sich Widerstände auftun, atmen Sie in diese hinein. Achten Sie darauf, daß Sie die Ausatmung fallen lassen. Seufzen oder stöhnen Sie, wenn Sie das Bedürfnis haben. Sie werden staunen, wie schnell der unangenehme Schub vorbei ist. Atmen Sie, und Sie fühlen sich leichter und befreit.

Ist Ihr Widerstand oder Ihre Verunsicherung im Bezug auf das Atmen zu groß, oder kommen Sie aus anderen Gründen alleine nicht weiter, empfehle ich Ihnen, sich in fachkundige Atemsitzungen zu begeben. Im Normalfall haben Sie nach wenigen Sitzungen an Ihrem Atem ein wunderbares Werkzeug, um diese Lebenswende fließend und bewußt zu vollziehen.

Der Tod

Denk daran, ob du Angst hast oder nicht:
der Tod ist die einzige Gewißheit.
Im Leben ist nichts gewiß,
außer dem Tod.
Osho

- Woher kommt diese Angst vor dem Tod?
- Ist es die Gewißheit?
- Könnte es sein, daß wir nicht vor der Ungewißheit, sondern vor dem Wissen oder gar vor dem Gewissen Angst haben?

Täglich erleben wir verschiedenste Tode. Wir werden aufgefordert, Abschied zu nehmen von Menschen, Situationen, verwirklichten Projekten, Besitz, Gewohntem, Prinzipien, Ideen, Träumen, Illusionen und zuletzt von der Inkarnation auf dieser Erde. Diese Liste könnte jeder für sich persönlich fortführen. Was schlußendlich für Sie der Tod bedeutet, können nur Sie beantworten. In jedem persönlichen Tod, sei er auch noch so klein, könnte eine Offenbarung liegen. Der Tod bietet die Gelegenheit ehrlich zu sein, und er reduziert auf das Wesentliche. Er gibt uns die Möglichkeit, zurückzuschauen, innezuhalten und uns zu prüfen. In diesen täglichen Prüfungen liegt die Chance, die Zukunft neu zu gestalten.

Der Tod ist ganz einfach das Heraustreten aus dem
physischen Körper, und zwar in gleicher Weise,
wie der Schmetterling aus seinem Kokon heraustritt.
Der Tod ist ein Hinübergehen in einen neuen Bewußtseinszustand,
in welchem man fortfährt,
zu fühlen, zu sehen, zu hören, zu verstehen, zu lachen
und wo man befähigt ist weiterhin zu wachsen.

Und das einzige,
was wir bei dieser Umwandlung verlieren,
ist nämlich das, was wir nicht mehr brauchen,
und das ist unser physischer Körper.
Elisabeth Kübler-Ross

Wenn der große Tod naht, erleben wir angeblich in der Rückschau unser ganzes Leben. Viele Sterbende hadern mit sich. Sie trauern dem Ungelebten und den verpaßten Chancen nach. Es fällt ihnen schwer, sich selbst und anderen zu verzeihen und vertrauensvoll weiterzugehen.

Auch für die Angehörigen ist die Loslösung vom geliebten Menschen meist ein schwerer Prozeß. Die Trennung scheint endgültig und löst tiefe Schmerzen und Verzweiflung aus. Auch für sie ist es wichtig, zu vertrauen und durch den Schmerz hindurchzugehen. Trauerarbeit ist ein Teil unseres Lebens und hilft, Verlust zu verarbeiten.

Der Tod ist ein Teil des Lebens. Kein Versagen oder eine Niederlage. Menschen, die klinisch tot waren und sich erinnern, was sie erlebt haben, berichten von wunderbaren Empfindungen. Sie sind vom Licht erfüllt und voller Vertrauen.

Durch das Atmen lernen die Sterbenden in den letzten Tagen, in den Stunden ihres Sterbeprozesses loszulassen. Sie verbinden sich durch das bewußte Atmen leichter mit der anderen Welt und können die geistigen Helfer und die verstorbenen Angehörigen wahrnehmen.

Die letzte Ausatmung trägt ihre Seele sanft über die Schwelle ins Jenseits.

Im Prozeß des Sterbens ist das Atmen eine wunderschöne Hilfe. Wenn Sie Sterbende begleiten, versuchen Sie, sanft und fließend mit ihnen zu atmen. Können sie nicht loslassen, so helfen Sie ihnen, beim Ausatmen alles Störende und Belastende abfließen zu lassen.

Sind die Sterbenden nicht bei Bewußtsein, atmen Sie für sie. Halten Sie ihnen die Hand, stimmen Sie sich auf ihren Atem ein und begleiten Sie ihren Atem, indem Sie mitatmen. Versuchen Sie, die Sterbenden fließend im Strom des Atems mitzutragen.

Bei Sterbenden ist das oberste Gebot, einfühlend zu sein, sie nicht zu zwingen und nichts zu fordern, sondern ihre Bedürfnisse und Wünsche zu erfüllen und ein offenes Ohr für alles zu haben.

Haben wir Angst vor dem Tod, so überträgt sich dieses Gefühl ins Leben. Wir haben Lebensangst, fühlen uns von etwas nicht Greifbarem bedroht.

Sich mit Sterbenden und dem Tod auseinanderzusetzen, ist ein tiefer Lernprozeß, der uns mit unser Endlichkeit und den wahren Werten unseres Lebens in Kontakt bringt. Die Sterbenden teilen uns Wesentliches mit. Dem Tod zu begegnen öffnet Räume der Wahrhaftigkeit.

Nur wer sterben kann, kann wirklich leben.

VII

Die Sehnsucht nach Vereinigung

Das Fehlende

Wir träumen davon, einen Menschen zu finden,
der ganz eins mit uns ist. Weder erfüllt sich der Traum,
noch wird er vergebens geträumt; wer ihn nicht träumt,
hat von der Liebe nie etwas erfahren.
Friedrich Georg Jünger

Es wäre alles so schön, wenn nur ... Die Erfüllung dieser Träume kann ganz verschieden aussehen: die ideale Partnerschaft, glückliche Kinder, ein eigenes Heim, der richtige Beruf, genügend Geld, viel Freiheit, Gesundheit ... Was immer die Wünsche sind, sie stammen aus einer Mischung von persönlichen, familiären und kulturellen Idealen und Bedürfnissen.

Mag unser Leben noch so *perfekt* sein, die Phasen der wirklichen, absoluten Zufriedenheit sind kurz.

Was ist es, was uns immer wieder auf die Suche nach dem uns Fehlenden treibt?

Im alltäglichen Leben setzen wir uns intensiv mit Beziehungsproblemen auseinander, welche in Partnerschaft, Familie, Beruf, Gesellschaft bis hin zur ganzen Menschheit auftreten. Wir hassen und lieben einander, leben in Kritik und Bewunderung, sind egoistisch und selbstlos, leben gleichgültig nebeneinander her. Wir beuten die dritte Welt aus, aber spenden großzügig, zerstören die Erde und versuchen sie zu retten. Es scheint unmöglich zu sein, auf dem Planeten Erde in Harmonie zu leben. Die meisten von uns haben viele Fragen, ringen nach Antworten, und stoßen immer wieder an Grenzen. Das menschliche Zusammenleben ist ein Mysterium, ein Buch mit sieben Siegeln.

Wie können wir uns diesem Mysterium annähern?

Eine Möglichkeit ist, sich selbst im Umgang mit den Mitmenschen zu beobachten und an sich zu arbeiten. Stellvertretend für alle Beziehungsthemen erachte ich die Partnerschaft und Sexualität als besonders aussagekräftig. Männer und Frauen erleben, indem sie sich mit dem Partner oder der Partnerin auseinandersetzen, bis in den intimsten Bereich eine Konfrontation auf allen Ebenen. Auf direkte Art können wir uns der eigenen Körperlichkeit, der Gefühlsebene, der Gedankenwelt und der spirituellen Dimension bewußt werden. Der Umgang mit uns selbst und das Erleben mit der Außenwelt spiegelt unsere innere Welt wider. Im Bestreben, eine heilere Welt zu erschaffen, müssen wir bei uns selbst beginnen.

Dies erfordert eine selbstverantwortliche, bewußte Haltung und eine stetige Auseinandersetzung.

Unser Umfeld ist der Ausdruck davon, was wir uns, zum Teil unbewußt, ausgesucht haben, ist der Spiegel unserer inneren Welt.

Die Suche nach dem Du

Partnerschaft und Sexualität lassen uns auf Wolke Sieben schweben und gigantische Höllenfahrten erleben.

Ich selbst habe wunderschöne und auch schmerzhafte Erfahrungen durchlebt.

In meiner Arbeit mit Menschen habe ich viel tiefes Leid gesehen. Mir scheint, Partnerschaft und Sexualität sind ein Thema ohne Anfang und Ende, ein Lernprozeß, der mit der menschlichen Existenz eng verknüpft und unumgänglich ist.

Der Fortpflanzungstrieb allein kann nicht die Ursache für diese Sehnsucht nach dem Du sein. Wäre es so, hätten wir, sobald die Nachkommen da sind, innere Ruhe und Gelassenheit. Dem ist nicht so.

Dieses Angezogensein ist der Grund dafür, daß kaum ein Mensch sich in die Einsiedelei zurückzieht, um dort ein glückliches, zufriedenes Leben zu verbringen.

Durch den Austausch mit den Mitmenschen und der Umwelt erfahren wir das Leben. Der Mensch braucht Reize, um sich selbst zu spüren.

Immer wieder stoßen wir auf Unverständlichkeit zwischen den Geschlechtern. Die Verschiedenartigkeit von Männern und Frauen scheint ein unüberbrückbares Hindernis zwischen zwei Welten zu sein. Es ist hilfreich, diese Unterschiede zu verstehen und mit ihnen umzugehen.

Nehmen wir die Gesetzmäßigkeit der Polarität zu Hilfe, sähe eine erste Charakterisierung folgendermaßen aus:

Männlich: das Einatmen, das Feuer, die Luft, die Aktivität, das Denken, die Bewegung, die Eroberung …

Weiblich: das Ausatmen, die Erde, das Wasser, die Passivität, das Fühlen, die Ruhe, das Bewahren …

Sofort tauchen Einwände auf. Es gibt Frauen, die klarer denken als mancher Mann; andererseits gibt es Männer, die sensibler empfinden als manche Frau. Kein Mann kann leben, ohne auszuatmen, und keine Frau, ohne einzuatmen. Einwände, die sich ins Uferlose fortsetzen ließen.

Das Bild vom Mann als schöpferischem Geist und der Frau als empfangende Seele oder gar als zudienendem Wesen wurde insbesondere durch die von den Brüdern Grimm herausgegebenen Märchen in den letzten zwei Jahrhunderten gefestigt. Maria Tatar beschreibt in ihrem Buch *Von Blaubärten und Rotkäppchen* wie Schneewittchen die Zwerge in der ältesten Grimmschen Version zum ersten Mal trifft. Die Zwerge waren bereit, Schneewittchen bei sich aufzunehmen und zu schützen. Als Gegenleistung versprach sie, die Mahlzeiten zu kochen. Maria Tatar führt aus:

Doch schon in der ersten gedruckten Auflage der Kinder- und Hausmärchen haben die Zwerge ihre Forderungen hochgeschraubt

und schlagen andere Bedingungen vor, Bedingungen, die zweifels-
ohne die Vorstellungen der Brüder Grimm von vertraglichen Bezie-
hungen zwischen Mann und Frau reflektieren: »Wenn du unseren
Haushalt versehen und kochen, nähen, betten, waschen und stricken
willst, auch alles ordentlich und reinlich halten, sollst du bei uns
bleiben und es soll dir an nichts fehlen.«

Es ist wenig bekannt, daß die Brüder Grimm ihre ge-
sammelten Märchen bis siebzehnmal umgeschrieben haben.
Sie wollten erzieherisch wirken, im Sinne des neunzehnten
Jahrhunderts, als eine klare Rollenverteilung für Mann und
Frau herrschte. Diese ist zwischenzeitlich überaltert, obwohl
Klischeebilder wie »Frau hat schön und brav zu sein, der
Mann stark und leistungsorientiert« in manchen Köpfen
zum Teil noch weiterleben.

Ich bin überzeugt, daß wir, bevor wir in diesen Körper
inkarniert sind, als Seele in der Einheit waren, in einem
himmlischen Frieden. Wir erinnern uns an diesen Zustand
und sehnen uns nach Einheit zurück. Die meisten von uns
sind darauf ausgerichtet, ein Du zu finden, mit dem eine erfüllende Beziehung möglich ist.

Gibt es den Partner fürs Leben?

Das ist eine heikle Frage, die kaum zu beantworten ist. Die
Generationen vor mir mögen sich wahrscheinlich leichter
tun, spontan mit einem Ja zu antworten.

Die Zeiten haben sich geändert. Sie sind schnellebiger,
unsicherer und einem rasanten Wandel unterworfen. Auch
in den nächsten Jahrzehnten werden sich in immer schnel-
leren Zyklen große Veränderungen vollziehen. Die Menschen entwickeln sich und sind nicht mehr dieselben. Paare,
die noch vor kurzer Zeit wunderbar zusammenpaßten, ha-

ben sich nichts mehr zu sagen. Beziehungen laufen sich leer. Dies müßte nicht sein. Gerade in dieser Zeit des Wandels sind die Chancen, sich vom Partner herausfordern zu lassen, groß. Verändert sich der Partner, könnte dies belebende und befruchtende Impulse in die Partnerschaft bringen. Es könnte eine erfrischende Dynamik entstehen, die den Alltag lebendiger werden läßt.

Gegenseitiges Verständnis und Toleranz sind für solche Prozesse wichtig. Wir können lernen, Verschiedenartigkeit zu akzeptieren und Dinge wertfrei stehen zu lassen.

Wenn Paare es schaffen, Krisen zu überbrücken und daran zu wachsen, können sie eine neue gemeinsame Ebene finden.

Dies erfordert jedoch die Bereitschaft, an sich selbst und der Partnerschaft zu arbeiten. Dieser Prozeß kann ganz unterschiedlich aussehen:

- Sich der eigenen psychischen Muster und den damit zusammenhängenden Verhaltensweisen bewußt werden.
- Sich für die eigenen Gefühle und für die des Partners öffnen, darüber sprechen und Ängste benennen.
- Gegenseitige Ehrlichkeit und Konfliktbereitschaft.
- Nicht Schuldige suchen, sondern die Hintergründe der Problematik verstehen.
- Bedürfnisse und Widerstände mitteilen.
- Einander genau zuhören.
- Versuchen, sich in den Partner hineinzudenken und hineinzufühlen, um dadurch Verständnis zu erlangen.
- Sich auf das Wesentliche besinnen.
- Bei Bedarf Hilfe von außen hinzuziehen.
- Den Mut haben, in der Partnerschaft inneren und äußeren Erneuerungen Platz zu geben.

Wie alles auf dieser Erde, braucht auch jede Beziehung Zeit zum Reifen und Wachsen. Deshalb ist immer wieder Geduld nötig.

Was jedoch, wenn sich Partner ausgelebt haben? Wenn die gemeinsame Zeit des Wachstums vorbei ist? Dann ist die Wahrscheinlichkeit gegeben, daß die Aufgabe und der Sinn des Zusammenseins erfüllt ist und die Zeit naht, auseinanderzugehen. Oft hindern uns Ängste, die nötigen Schritte zu tun. Beispielsweise können wir uns nicht vorstellen, allein zu sein oder möchten nicht als Versager dastehen. Der persönliche und gesellschaftliche Druck ist für die betroffenen Paare oft unerträglich. Hier ist konstruktive Hilfe von außen angesagt, nicht Verurteilung.

Sind Kinder da, sollte alles Erdenkliche zu ihrem Besten unternommen werden. Ungelöste Paarkonflikte übertragen sich auf sie und können sich auf ihre weitere Entwicklung prägend auswirken. Das Kind identifiziert sich mit seinen Eltern. Es bildet das Ich-Gefühl maßgeblich im Erleben mit ihnen aus. Deshalb ist es wichtig, daß die Erwachsenen ihre Konflikte zusammen lösen, ansonsten werden die Kinder die Spannungen übernehmen. Ich kenne viele Paare, die sich in gegenseitigem Einverständnis getrennt haben und weiterhin einen natürlichen Umgang mit ihren Kindern pflegen.

Sind die hohen Scheidungsraten ein Zeichen einer kranken Gesellschaft? Nein. Ich glaube, daß es den einen Lebenspartner immer weniger gibt.

Die Lebenserwartung der Menschen ist derart hoch, die Welt enorm vielfältig, wodurch wir die Möglichkeit haben, verschiedene Leben in einem Körper zu leben. Viele Menschen wechseln den Beruf, wandern aus oder vollziehen auf andere Weise einen Neubeginn. Dies sind klare Zeichen verschiedener Lebensabschnitte.

Die Form der Ehe, wie sie früher bestand, ist für viele veraltet. Viele Paare sind nicht mehr bereit, auch wenn sie Kinder haben, das Versprechen »bis daß der Tod uns scheidet« abzugeben. Sie sind bestrebt, neue Formen des Zusammenlebens zu finden.

Der Umgang in der Partnerschaft

Jede Partnerschaft ist einzigartig und trägt ihren ganz persönlichen *Geist* in sich. Wie wir mit dem Partner umgehen sollen, kann uns kein Außenstehender sagen. Wir müssen es selbst entdecken und gemeinsam einen Weg finden. In dieser Auseinandersetzung mit dem anderen können wir wachsen und reifen, können versuchen, den Bedürfnissen beider gerecht zu werden, in Liebe zurückzustehen und in Freude anzunehmen. Es ist ein stetiger Austausch, der Grenzen erweitert und befruchtend wirkt.

Daß sich zwei Menschen in ihrer Verschiedenartigkeit vereinen können, ist eine Kunst. Allzuoft sind wir den eigenen Reaktionen und dem Verhalten des Partners ohnmächtig ausgeliefert. Wir bewegen uns in Spannungsfeldern von Begehren und Überdruß, von Nähe und Distanz, von Verzweiflung und Glück ...

Schaffen wir es, in Dankbarkeit das Glück der Stunde in uns hineinzunehmen, trägt es uns sanft über die Schwelle der Entbehrung.

Die Sexualität kann uns helfen, mit den Polaritäten der Partnerschaft umzugehen. Sie wirkt klärend und reinigend auf das Beziehungsfeld. Durch die Vereinigung entsteht eine wohltuende Entspannung, woraus ein Neubeginn möglich ist.

Es gibt Menschen und Paare, die keine Sexualität leben und für die das völlig in Ordnung ist. Im Verlauf eines Lebens haben wir verschiedene Phasen, in denen die sexuelle Aktivität wichtiger ist oder zurücktritt. Ich glaube, daß sich die Frage der sexuellen Bedürfnisse nur jeder selbst beantworten kann und soll.

Eine lebendige Sexualität steht in keinem Zusammenhang mit dem Alter oder entwicklungsbedingter Vergeistigung. Sätze wie »das braucht man doch nicht mehr« sollten niemanden von seiner eigenen körperlichen Lust und Sinnlichkeit abhalten.

Die Dimension der Sexualität

Sexualität ist die tiefste Zelebration
der körperlichen Begegnung; das Eintauchen in die
unbegrenzte Dimension der menschlichen Existenz.
Christine Kranz

In der sexuellen Vereinigung können wir das absolute *Einswerden* erleben. Diese Symbiose von Ich und Du sind Wellen der Glückseligkeit. Was ist, wenn ich die Sehnsucht nach diesen Gefühlen habe, sie jedoch nicht erlebe? Muß ich es akzeptieren? Warum ist es mir nicht vergönnt?

Wir können lernen, uns diese Welt der intensiven Gefühle selbst zu erschließen. Die persönliche Geschichte entscheidet, wie schwierig dies ist. Haben wir Erfahrungen unserer Vergangenheit nicht aufgearbeitet und integriert, prägen und bestimmen sie unser sexuelles Verhalten. Dies kann sich in den polaren Extremen von zwanghafter Leidenschaft oder Frigidität und Impotenz zeigen.

Blinde Leidenschaft

Penny McLean nennt den zwanghaft ausgelebten Sexualtrieb *das hormonelle Irresein.*

Oft leben Menschen in einer sexuellen Abhängigkeit, die eine zerstörerische und tragische Form annehmen kann. Sie haben das Gefühl, daß sie ohne den anderen nicht leben können. Es entsteht das Gefühl von Ohnmacht und Ausgeliefertsein.

Der Astrologe Johann Hilble erklärt die Leidenschaft mit den Planeten Mars und Venus, die mit dem körperlichen Urtrieb in Verbindung stehen. Das blinde Ausleben der sexuellen Triebe schaltet den Kopf und somit Denken und Bewußtsein aus, und man erfährt eine tiefe, aber schnell vorübergehende Befriedigung. Wer sich kopflos in eine Leidenschaft stürzt, sieht die realen Dinge rundherum nicht mehr. Das große Erwachen und die Enttäuschung folgen unweigerlich. Das, was verdrängt wurde, wird schmerzlich bewußt.

Frigidität oder Impotenz

Die Angst, sich zu öffnen, ist das andere Extrem, das sich in Frigidität oder Impotenz zeigen kann. Die Mauern im Außen sind Blockaden im Innern. Diese Stauungen der Lebensenergie können zu Krankheiten führen. Mit diesem Gefangensein in der eigenen Härte muß sehr behutsam umgegangen werden. Bei solchen Menschen gibt es oft große Ängste. Um die Schutzmauer abzubauen, brauchen sie Sicherheit, Verständnis und Geduld. Dieser Prozeß benötigt meistens viel Zeit. Gelingt es, daß sie sich öffnen, ist man oft erstaunt, welche Fülle von Gefühlen zum Vorschein kommt. Das Sprichwort »harte Schale, weicher Kern« trifft hier zu.

Die Ebenen der Sexualität

Leben wir die Sexualität als abgespaltenen, körperlichen Akt, werden wir eine multidimensionale Vereinigung nicht erleben. Sie bleibt ein bloßes Abreagieren von Trieben ohne Spiritualität und wirklichen Inhalt.

Es gibt eine Unmenge an Filmen und Literatur zum Thema Sex. Ohne Tabu und Schamgrenze werden alle erdenklichen Techniken und Hilfsmittel zur Steigerung der Lust angeboten. Die Erfüllung wird, wie in der heutigen Zeit meist üblich, im Außen gesucht. Oft endet das in Frust und Resignation.

In ihrer ganzen Dimension gelebt, ist die Sexualität eine wunderbare, heilende Kraft: eine wahre Heilkraft für Körper, Geist und Seele. Sexualität ist die tiefste Zelebration der körperlichen Begegnung; das Eintauchen in die unbegrenzte Dimension der menschlichen Existenz. Im Orgasmus, der Verschmelzung mit dem Du, erleben wir Einheitserfahrungen.

Jeder Mensch hat einen weiblichen und männlichen Teil in sich. Es ist auch ohne Partner möglich, mit dem eigenen Körper in einer erotischen Beziehung zu sein. Sich zu kennen, das Empfinden zu erforschen, den eigenen Körper zu lieben und die sexuellen Gefühle zu wecken, ist ein wunderschöner Teil auf dem Weg zu ganzheitlichem Bewußtsein. Das Bejahen der eigenen Körperlichkeit hilft uns, uns wirklich auf andere Menschen einzulassen.

Diese Erfahrungen kommen nicht von selbst. Zum einen ergeben sie sich aus unserem Wissen um die Sexualität, zum anderen sind sie jedoch der Spiegel unseres Selbst. Unsere tiefen Probleme kommen in der Sexualität an die Oberfläche. Wir können unseren Entwicklungsstand erkennen. Aus Wahrhaftigkeit entspringt wahrhafte Sexualität.

Betrachten wir analog eine Uhr: Sobald sie nicht mehr funktioniert, suchen wir die Ursache im Uhrwerk selbst und nicht bei den Zeigern. Der Mensch steht für das Uhrwerk, die Sexualität für die Zeiger. Wer Probleme mit der Sexualität hat, ist in Disharmonie mit sich und der Umwelt. Bei einer defekten Uhr ist es selten nötig, die Zeiger zu reparieren. Dasselbe gilt für die Sexualität. Sie therapieren zu wollen, ist meistens sinnlos. Es kann sein, daß dadurch die Anspannung erhöht wird und eine unüberbrückbare Erwartungshaltung entsteht.

Eine Möglichkeit auf dem Weg zur Befreiung sehe ich darin, mit sich und der Umwelt ins reine zu kommen und nötige Veränderungen vorzunehmen.

Um eine ganzheitliche, erfüllende Sexualität leben zu können, müssen wir die verschiedenen Ebenen miteinbeziehen. Diese Ebenen stehen miteinander in Verbindung und sind voneinander abhängig. Im folgenden habe ich eine Checkliste zusammengestellt. Versuchen Sie, die einzelnen Punkte der Reihe nach durchzugehen. Dabei geht es mir nicht um die Bewertung Ihrer Situation, sondern um das Bewußtwerden und das Finden möglicher Ansatzpunkte. Vielleicht mögen Sie darüber nachdenken und die verschiedenen Bereiche für sich ergänzen? Vielleicht sind Sie bereit, eine konstruktive Auseinandersetzung einzuleiten?

Stellen Sie sich, wenn möglich gemeinsam mit Ihrem Partner, die folgenden Fragen:

Körper

- Können wir uns mit der jetzigen Beziehungssituation identifizieren?
- Fühlen wir uns in Sicherheit?
- Verwenden wir die für beide passende Verhütungsmethode?

Schaffen Sie auf der körperlichen, konkreten Ebene die Voraussetzungen, die sie für sich brauchen und wünschen. Der Ort, die Atmosphäre und die Zeit sollten für sie stimmen. Wenn Sie das Bedürfnis haben, sprechen Sie mit Ihrem Partner über Wünsche und Widerstände.

Gefühle

- Hören wir auf unsere Gefühle?
- Geben wir unseren Gefühlen den nötigen Raum und stehen wir zu ihnen?
- Handeln wir unseren Gefühlen entsprechend?
- Lieben wir uns?

Die Gefühle sind äußerst wichtig. Verdrängen wir sie, blokkieren sie uns. Gefühle zu zeigen und fließen zu lassen ist oft mit viel Angst vor Verletzung verbunden. Wenn Sie einander helfen, auf die Gefühle zu hören und über sie zu sprechen, liegt darin ein wunderschönes Heilungspotential. Auch der nonverbale Austausch der Gefühle durch Berührung, Blicke und Gesten sensibilisiert und hat seinen *Zauber*. Das Zusammensein gewinnt an Tiefe und wird zu einer Welle der Gefühle.

Haben Sie das Bedürfnis, sich wirklich zu vereinigen, fragen Sie sich, ob Sie sich gegenseitig aus der Tiefe des Herzens lieben. Dies ist nicht von der Dauer des Zusammenseins abhängig. Liebe kann nicht gemacht werden. Sie ist oder ist nicht. Durch verschiedene Erfahrungen verändert sie sich, jedoch ist es nicht möglich, jemanden ein wenig zu lieben. Seien Sie in diesem Punkt ehrlich mit sich und dem anderen. Es kann sein, daß durch das Zusammensein die Liebe neu entfacht wird. Die Sexualkraft wirkt reinigend und klärend.

Ist das Herz jedoch verschlossen, bleibt die Sexualkraft auf der Körperebene stecken und verbrennt sich selbst. Nur in Liebe kann sie durchs Herz in höhere Dimensionen emporsteigen.

Geist

- Wie ist unsere geistige Haltung?
- Wie ist unser Verantwortungsbewußtsein uns selbst und dem Partner gegenüber?
- Sind wir bereit, mögliche Folgen aus der Begegnung, die im jeweiligen Verantwortungsbereich liegen, zu tragen?
- Vertrauen wir uns gegenseitig?

Vielleicht sind Ihnen diese Fragen fremd oder scheinen Ihnen weit hergeholt zu sein. Lassen Sie sich trotzdem darauf ein. Um authentisch zu sein, sollten Sie Ihre Einstellung prüfen und die Zukunft miteinbeziehen. Sprechen Sie über Unsicherheiten und Ängste. Stellen Sie sich gegenseitig die Fragen, die Sie in sich haben. Ihr gegenseitiges Vertrauen kann dadurch wachsen. Unklarheiten und Illusionen sind graue Wolken in Ihrem Geist. Klären Sie sie, damit Sie die geistigen Sphären klar und hell erleben können.

Seele

- Ist unsere Verbindung für unseren momentanen Weg bestimmt?

Fragen Sie sich, ob Ihre Wahl aus einer tiefen Überzeugung, oder aus einem Arrangement mit der Haltung: »weil es gerade da ist …« kommt. Oft lassen wir uns auf Kompromisse ein und halten an leergelaufenen oder destruktiven Verbindungen fest, weil uns das Unbekannte oder das Alleinsein ängstigt.

Die Vereinigung mit einem Partner, der Sie in der Tiefe Ihrer Seele berührt, ist ein großes Glück dieser Erde.

Die Sexualität und das Atmen

Wollen Sie Ihrer Sexualität tiefere Dimensionen geben, ist der Atem die stärkste Kraft. Er hilft uns, die Brücke zum Du herzustellen und die verschiedenen Ebenen zu reinigen und miteinander zu verbinden.

Im folgenden zeige ich Ihnen vier Schritte auf, die Sie mit Ihrem Partner durchführen und mit denen Sie experimentieren können. Sie erlangen durch diese vier Schritte Tiefe und Nähe.

Führt die Übung zum körperlichen Orgasmus, ist dies in Ordnung. Es soll jedoch auf keinen Fall ein Leistungsdruck entstehen, der zum sogenannten *Ziel* führt.

Durch den Atem berühren Sie sich und den anderen in der Seele. Deshalb ist es wichtig, daß Sie gut auf Ihre Gefühle hören und Ihre persönliche Grenze und die des Partners wahrnehmen. Achten Sie darauf, daß Sie sich während des ganzen Zusammenseins wohlfühlen und lassen Sie sich die Zeit, die Sie brauchen.

Erster Schritt: Das Sein

Nehmen Sie wahr, ob Sie sich im Raum, in dem Sie sich befinden, wohl und geborgen fühlen.

Setzen oder legen Sie sich nebeneinander hin, schließen Sie die Augen und beobachten Sie Ihren Atem. Atmen Sie tief ein und aus. Halten Sie inne und nehmen Sie Ihre Gefühle und Gedanken wahr. Fragen Sie sich, ob Sie bereit sind, sich mit Ihrem Partner zu verbinden. Wenn es für Sie beide stimmt, nehmen Sie Kontakt auf, indem Sie sich ganz bewußt berühren.

Zweiter Schritt: Das Halten

Gehen Sie zu einer Umarmung über. Beobachten Sie Ihren Atem, ohne etwas daran zu verändern. Beobachten Sie jetzt den Atem Ihres Partners. Ist Ihr Atemrhythmus mit dem Ihres Partners harmonisch oder ganz unterschiedlich?

Versuchen Sie, den Atemrhythmus aufeinander abzustimmen. Achten Sie darauf, daß niemand von Ihnen den eigenen Rhythmus verläßt, sondern daß Sie Ihr Atmen sachte einander annähern.

Erleben Sie, wie sich mit dem gleichgestimmten Atmen eine innere Nähe zu Ihrem Partner einstellt. Lassen Sie sich Zeit, bis Sie sich ganz nah fühlen.

Dritter Schritt: Die Tiefe

Bleiben Sie in dieser Nähe, aber verändern Sie jetzt behutsam Ihre Position, um Teile der Ausatmung Ihres Partners einatmen zu können. Beobachten Sie, wie Sie mit dem Einatmen des Atems Ihres Partners ihn in Ihre Lungen aufnehmen, während Sie mit seiner Einatmung in seine Lungen fließen. Mit dem Atem fließen Sie weiter durch die Lungenbläschen, ins Blut, ins Herz, in den ganzen Körper und in jede Zelle. Nehmen Sie in dieser tiefen Verbindung Ihre Gefühle wahr und fließen Sie mit.

Vierter Schritt: Der Kreislauf

Ändern Sie nun in dieser tiefen Verbindung den Atemrhythmus, indem Sie gegensätzlich atmen. Gleichzeitig mit Ihrer

Ausatmung atmet Ihr Partner ein. Es entsteht ein Kreislauf, der so tief ist, daß er Sie in die Ekstase führen kann. Lassen Sie Ihrem Körper und Ihrer Leidenschaft freien Lauf.

Machen Sie Pausen und kehren Sie je nach Bedürfnis immer wieder zum dritten, zweiten oder ersten Punkt zurück.

Die Ekstase

In der Ekstase können wir Raum und Zeit vergessen. Dieses Erlebnis kann nicht direkt bewirkt werden. Es ist das Resultat verschiedener Faktoren, die vor allem mit der Kunst, die Kontrolle loszulassen, zu tun haben. In der Ekstase verlassen wir den gewohnten Rahmen von Sicherheit und übergeben uns ganz dem Fluß der Energien. Der körperliche Orgasmus ist dabei nicht ausschlaggebend.

In der Ekstase fliegen die Gedanken wie Wolken vorbei, die Gefühle fließen wie Wasser, der Körper bewegt sich wie von selbst. Es entsteht auf jeder Ebene ein verbindendes Schwingen und Vibrieren. Die Wahrnehmung ist hoch sensibel, die inneren und äußeren Grenzen fallen weg. Es ist ein Fließen auf allen Ebenen, ein Gefühl der Einheit und Glückseligkeit, ein Sich-Fallenlassen in den Moment, ein Flug durch eine ausgedehnte Gegenwart.

Was ist, wenn ich mich nach Ekstase sehne, sie jedoch nicht erleben kann? Meist stecken Ängste dahinter. Um die Kontrolle loszulassen, brauchen wir tiefes Vertrauen und Geborgenheit. Haben wir dies nicht, bauen wir Schutzwälle auf und versuchen, die Situation im Griff zu haben. Dies ist ein natürlicher und wichtiger Mechanismus, der verschiedene Ursachen haben kann. Oft sind es unangenehme Erfahrungen aus der Vergangenheit, Schamgefühle oder mangelndes Vertrauen in sich und/oder das Umfeld.

Es kann sein, daß wir, gerade weil uns der Partner so sehr nahesteht, Probleme mit dem Loslassen haben. Dies hat mit der Fülle von freigeschwemmten Gefühlen zu tun, die die momentane Verarbeitungsmöglichkeit übersteigt. Lassen wir uns genügend Zeit, damit das, was zwischen uns steht, heilen kann, so kann jeder für sich sowie die Gemeinsamkeit wachsen und reifen.

Können die störenden Faktoren durch Bewußtwerdung und Aufarbeitung gelöst werden, öffnet sich, wie von selbst, das Tor zur Ekstase.

Der Atem ist das Fahrzeug auf dem Weg zur Ekstase. Er ist für die Erlebnistiefe von höchster Bedeutung. Durch tiefes Atmen wird die Energie des Körpers aufsteigend durch das Herz in den Kopf und darüber hinaus transportiert. Alle Ebenen sind dadurch verbunden. Es entsteht ein tiefer Fluß der Energien und Einheit.

Wann immer Sie Ihre Sexualkraft erwecken möchten: atmen Sie tief durch Ihren ganzen Körper. Versuchen Sie die Grenze Ihres Atemvolumens und Ihrer Lebendigkeit wahrzunehmen und darüber hinauszugehen. Sobald Sie an bestimmten Stellen Stauungen oder Blockaden empfinden, atmen Sie dort hinein. Lassen Sie Ihre Blockaden abfließen, indem Sie durch den Mund ausatmen. Es können auch Gefühle wie Angst, Trauer oder belastende Gedanken sein. Das bewußte Ausatmen hilft Ihnen, diese Stauungen zu lösen. Sobald Sie schneller und tiefer atmen, wird der Prozeß der Reinigung verstärkt. Wenn Sie dieses forcierte Atmen nicht gewohnt sind, tasten Sie sich in Ihrem Tempo vor. Sie können die Intensität des Energieflusses selbst steuern. Indem Sie langsamer atmen oder sich auf die Seite legen, läßt die Wirkung nach. Experimentieren Sie mit sich selbst. Sie werden nach kurzer Zeit den Effekt wahrnehmen und Sicherheit darin entwickkeln.

Spielen Sie mit der Atmung, indem Sie eine Weile tief in den Bauch, in den Brustkorb und Hals oder in den Kopf atmen. Nehmen Sie dabei den Körper wahr und lassen Sie ihn sich bewegen. Zuckungen und Vibrationen sind Ausdruck von Energie und Leben. Versuchen Sie, diese Lebendigkeit frei geschehen zu lassen.

Atmen Sie abschließend jeweils in einer Einatmung von Ihrem Genitalbereich bis hoch über den Kopf hinaus, die Ausatmung lassen Sie frei strömen. Wiederholen Sie diese Atemzüge, indem Sie Ihrem Gefühl gemäß Tempo und Tiefe variieren.

Die Liebe

Denn so wie die Liebe dich krönt, kreuzigt sie dich.
Wie Korngarben sammelt sie dich um sich.
Sie drischt dich, um dich nackt zu machen.
Sie siebt dich, um dich von deiner Spreu zu befreien.
Sie mahlt Dich, bis Du weiß bist.
Sie knetet Dich, bis du geschmeidig bist;
Und dann weiht sie dich ihrem heiligen Feuer,
damit du heiliges Brot wirst für heiliges Mahl.
Kahlil Gibran

Bei der Liebesbegegnung zweier Menschen werden tiefe Ebenen angesprochen. Dies kann wunderschön sein und neue Welten eröffnen. Es kann jedoch auch sein, daß wir genau durch diese Liebe viel Leid erleben, daß wir an unsere Grenzen kommen. Es kann sein, daß wir uns in Glückseligkeit wiegen und im nächsten Moment von tiefer Verlustangst gequält werden. Es kann sein, daß wir alleine sind und voll tiefer Sehnsucht nach einer erfüllten Liebe. Oder wir spüren in einer Begegnung mit einem Menschen tiefe Liebe und Freude, jedoch diese Liebe wird nicht beantwortet. Die Liebe nimmt ihre eigenen Wege und kann kaum beeinflußt werden. Durch die Stärke der Gefühle werden vergangene Erfahrungen in das Bewußtsein geschwemmt und innere Prozesse ausgelöst. Im Moment nicht erklärbare Widerstände und Ängste werden aus der Kindheit und aus vergangenen Leben reaktiviert. Meist werden sie von den Betreffenden in bezug auf das Jetzt gestellt und auf den Partner übertragen. Dies ist ein großes Mißverständnis, das meist zu noch mehr Leid führt. Im gegenseitigen Verständnis könnten wir diesen Klärungsprozeß der Gedanken und Gefühle zur Reinigung unseres Wesens nützen. Wichtig ist es, sich von starken Emotionen nicht erschrecken zu lassen und die eigenen Überreaktionen oder die der anderen in einem größeren Zusammenhang zu sehen. Durch die große Anziehung zu unserem Geliebten werden wir immer wieder mit unseren verborgenen Schwächen und Ängsten konfrontiert. Wir haben so die Möglichkeit, sie zu bearbeiten. Sich vom anderen und somit von sich selbst abzuwenden, ist meist eine verpaßte Chance. Bleiben wir, können wir unser Herz von alten Schmerzen reinigen und dadurch wachsen. Lernen wir, mit unseren innersten Gefühlen umzugehen, und helfen wir einander liebevoll, neue Erfahrungen zu machen, findet ein wunderschöner Heilungsprozeß statt. Dadurch wächst unsere Möglichkeit, Liebe anzunehmen und zu geben. Wir brauchen Geduld und viel Verständnis füreinander. Helfen wir einander, die Selbstzweifel zu beseitigen und vertrauensvoll weiterzugehen.

Die Liebe ist die größte Kraft dieser Erde.

VIII

Die ganzheitliche Funktion
der Atmungsorgane

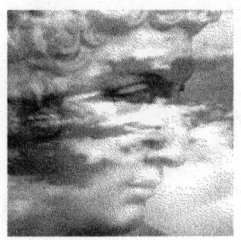

Die Atmungsorgane

Das Herz wird neben dem Gehirn als das führende Organ des Menschen angesehen. Die Pumparbeit des Herzens übernimmt die Verteilung des Blutes. Für die Leistungsfähigkeit des Herzens ist die Lieferkapazität des Atmungssystems ausschlaggebend. Die Atmung bestimmt größtenteils die Vitalität und den Energiehaushalt des Menschen.

Beim Einatmen durch die Nase reinigen die Schleimhaut und die Flimmerhärchen die Luft. Die Feuchtigkeit erfährt

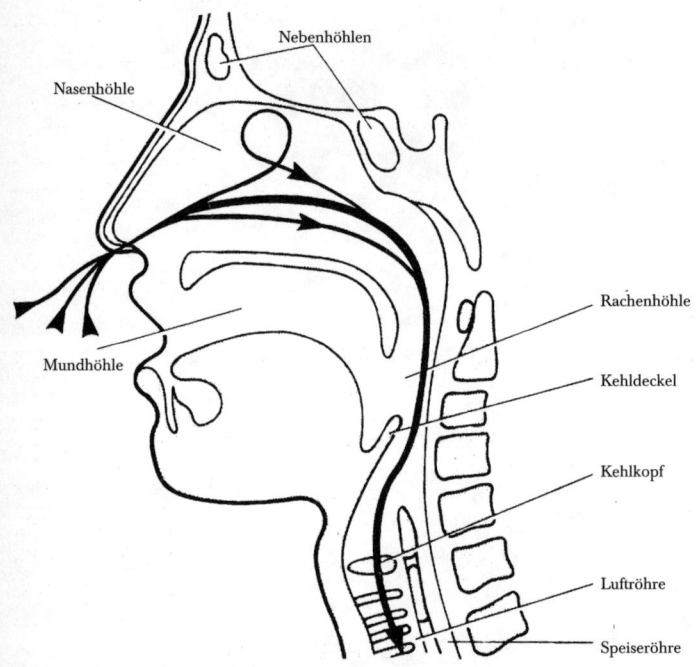

Abb. 10: Beim Einatmen durch die Nase
wird ein Teil der Luft durch Zirkulieren in der Nasenhöhle
an den Riechfasern vorbeigeführt.

eine Steigerung auf ca. 80 % und eine Anwärmung auf die Körpertemperatur. Ein Teil der Luft zirkuliert in der Nasenhöhle (s. Abb. 10) und wird an den Riechfasern, die direkt mit dem Gehirn in Verbindung stehen, vorbeigeführt. Dieser Vorgang stimuliert nicht nur den Geruchssinn, sondern beeinflußt die Psyche und das Wohlbefinden. Atmet der Mensch durch den Mund ein, fallen diese wichtigen Aspekte weg. Die Luft ist kalt, stärker verunreinigt und zu trocken. Bei der Mundatmung ist der Mensch anfälliger für Infektionskrankheiten, und er wird nicht durch die Geruchssinne angeregt.

Die Luft strömt weiter durch den Kehlkopf in die zwölf Zentimeter lange Luftröhre (Trachea), die sich in zwei Bronchialäste teilt. (s. Abb. 11). Diese beiden Hauptbronchien verzweigen sich in jeweils bis zu 23 Ästchen (Bronchiolen), die in kleinsten Verzweigungen als Lungenbläschen (Alveolen) enden. Sie sind von einem dichten Netz aus winzigen Blutgefäßen (Kapillaren) umgeben (s. Abb. 12). Die rechte Lunge ist größer und hat drei Lappen, die linke Lunge hat zwei Lappen. Diese sind mit rund 400 Millionen Lungenbläschen ausgestattet, die ausgebreitet eine Fläche von etwa einem Tennisplatz ergäben.

Die hauchdünne Gewebeschicht der Lungenbläschen ist mit winzigen Blutkapillaren dicht umsponnen. Die dünne Zwischenschicht kann von den Gasen leicht durchdrungen werden. Das etwa 300 Quadratmeter große Kapillarnetz der Lunge hat die Aufgabe, den ständigen Austausch von Sauerstoff und Kohlendioxid (Kohlensäure) zu gewährleisten. Der Gasaustausch wird vom vegetativen Nervensystem gesteuert und kann nicht wie die Atmung willentlich beeinflußt werden.

Für den Atemvorgang ist das Zwerchfell mit den Muskulaturen der Zwischenrippen und des Bauches zuständig. Die Atemzentren im Gehirn steuern die Atmung. Chemo-

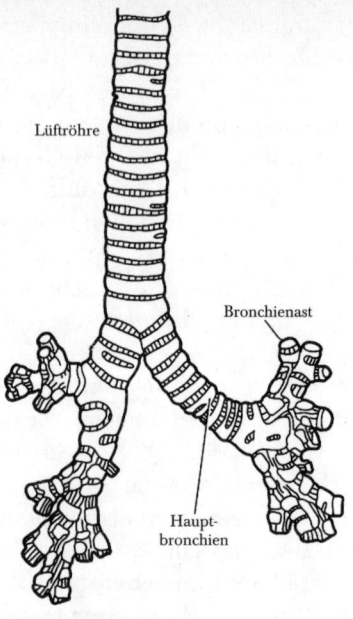

Lüftröhre

Bronchienast

Haupt-
bronchien

**Abb. 11: Der Atem strömt durch die zwölf Zentimeter
lange Luftröhre, die sich
in den rechten und linken Lungenast teilt.**

sensible Zellen (Chemorezeptoren) messen die Flüssigkeit
im Gehirn und Rückenmark, welche in dauerndem Austausch mit dem Blut steht. Außerdem befinden sich in der
Hauptschlagader und in der Nähe der Halsschlagader koh-
lendioxid-empfindliche Nervenfasern (Rezeptoren), die den
Gehalt von Sauerstoff im Gewebe erfassen. Je nach Kohlen-
stoffdioxidkonzentration kommt es zu einer unterschiedlichen Säurekonzentration im Blut. Wird ein Anstieg von
Kohlendioxid im Blut registriert, sendet der Hirnstamm die
entsprechende Information über das verlängerte Rückenmark an das Atemzentrum. Hier wird der aktuelle Meß-
wert (Ist-Wert) mit dem Normalwert (Soll-Wert) verglichen.

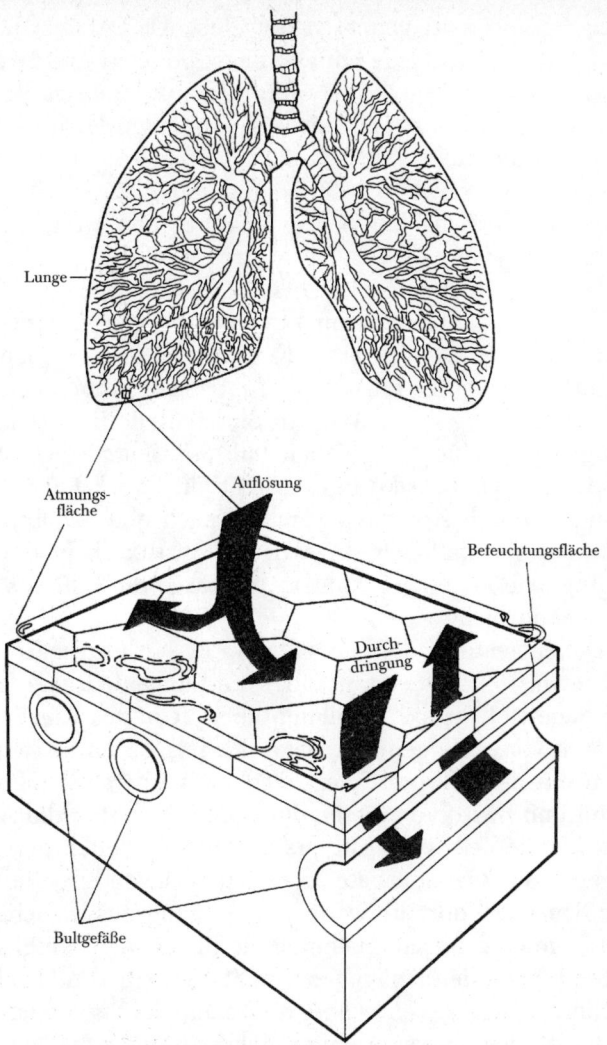

Abb. 12: Die Lunge und darunter eine Vergrößerung von Lungenbläschen und Blutgefäßen, wo der Austausch von Sauerstoff und Kohlendioxid stattfindet.

Dieser Sollwert ist genetisch festgelegt. Das Atemzentrum ist der Regler, der jede Differenz von Sollwert und Istwert in einen Befehl an die Atemmuskulatur umsetzt. Diese Muskeln (das Zwerchfell und die Rippenmuskulatur) sind demnach die Stellglieder, die eine Veränderung der Atemtätigkeit bewirken und dafür sorgen, daß sich die Konzentration der beiden Blutgase wieder auf den Sollwert einpendeln.

Das Zwerchfell wölbt sich bei der Ausatmung in den Brustraum und zieht sich beim Einatmen verflachend zusammmen. Durch eine gleichzeitige Kontraktion der Zwischenrippenmuskeln werden die unteren Rippen angehoben und die Brusthöhle vergrößert. Wie ein Blasebalg dehnen sich die Lungen passiv aus und ziehen Luft ein. Durch diese Vergrößerung des Brustkorbes entsteht ein Druck im Bauchraum, wodurch sich das Zwerchfell nach oben wölbt. Die Muskeln erschlaffen und lassen den Brustkorb in die ursprüngliche Lage zurückfedern, wodurch die Luft aus der Lunge entweicht.

Die eingeatmete Luft enthält etwa 21 %, die ausgeatmete Luft etwa 16 % Sauerstoff. Über die Lungenbläschen geht der Sauerstoff in die Kapillaren über. Teile des Sauerstoffs werden vom Blut gelöst. Der größte Teil verbindet sich jedoch mit dem Farbstoff der roten Blutkörperchen (Hämoglobin) und wird von diesen durch das Herz über die Arterien auf alle Zellen des Körpers verteilt. Die Blutkörperchen geben, von Reaktionsbeschleunigern (Enzymen) gesteuert, den Sauerstoff dort ab, wo ihn der Organismus braucht. In dieser inneren Atmung nehmen die Blutkörperchen gleichzeitig das von den Zellen erzeugte Stoffwechsel-Endprodukt auf und transportieren es über die Venen, durchs Herz in die Lunge zurück. Dieses Abfallprodukt wird über die Kapillaren in die Alveolen gebracht und über die Ausatmung nach außen abgegeben.

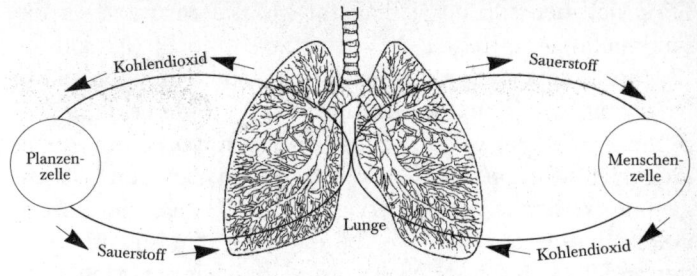

Abb. 13: In Form einer liegenden Acht ist hier der Stoffwechselaustausch zwischen Pflanzenzelle, Lunge und Menschenzelle als Kreislauf dargestellt.

Das Stoffwechselsystem gleicht einem Förderband, von dem Sauerstoff abgeladen und Kohlendioxid aufgeladen wird. Die Pflanzen nehmen das Kohlendioxid auf und wandeln es in der Photosynthese in Sauerstoff um (s. Abb. 13).

Die Atmung ist durch die Sauerstoffzufuhr und die Ausscheidung der Verbrennungsrückstände für den Stoffwechsel und die Funktion des Körpers lebenswichtig.

Die Krankheitsbilder und deren Psychosomatik

*Das Leben in dieser Welt der Gegensätze ist
notwendigerweise voller Fehler und dient dazu, den Weg
zurück zur Einheit zu finden. Jeder Fehler und jedes
Krankheitsbild verdeutlichen so zur Vollkommenheit fehlende
Elemente und werden damit zur Entwicklungschance.*
Rüdiger Dahlke

Krankheitsbilder, die die Atmungsorgane betreffen, sind besonders beschwerlich. Sie können das Leben so sehr behin-

183

dern, daß der normale Alltag zur Mühsal wird und Erstikkungsgefühle entstehen. An dieser Stelle möchte ich auf die Psychosomatik einiger dieser Krankheitsbilder eingehen. Ein Pionier in der Symptomdeutung von Krankheitsbildern ist Dr. med. Rüdiger Dahlke. Seine Bücher *Krankheit als Sprache der Seele* und *Krankheit als Symbol* lassen uns neue und oft ungeahnte Zusammenhänge erkennen und leisten einen wertvollen Beitrag auf dem Weg zu mehr Verständnis füreinander und für sich selbst. Wichtig ist es, daß wir den Menschen als Ganzes betrachten. Er besteht nicht nur aus dem leiblichen Körper, sondern verfügt über verschiedene andere Energiekörper und Ebenen:

- Grobstofflicher Körper (Leib)
- Emotionalkörper (Gefühle)
- Mentalkörper (Gedanken)
- Astralkörper (Geist)
- Seelenkörper (Seele)

Diese Energiekörper stehen miteinander in Verbindung und wirken aufeinander. Alles, was der Mensch erlebt, wird von diesen verschiedenen Ebenen bewußt oder unbewußt aufgenommen. Die menschliche Seele vergißt nichts und transportiert Erfahrungskontingente in die verschiedenen Inkarnationen mit.

Können Erlebnisse nicht verarbeitet werden, entstehen auf den feinstofflichen Ebenen Energieblockaden, die sich im Körper manifestieren. Werden diese Störungen nicht behoben, so ist die Wahrscheinlichkeit groß, daß sich symptomatische Krankheiten bilden. Auch Unfälle können als konkretisierte Alarmzeichen verstanden werden.

Hilfreich ist die Fragestellung: Welche Körperstelle ist in ihrer funktionellen Aufgabe betroffen? Die Störung kann symbolisch auf die psychische Ebene und die Lebenssituation des Menschen übersetzt werden. Keinesfalls soll daraus ein Bewerten und Verurteilen entstehen. Diese Symptome sind normale und wichtige Begleiter im Reifungsprozeß und gehören zu einem bewegten Leben. In jeder Krise steckt eine Chance. Verstehe ich die Botschaft der Symptome und vermag ich sie zu integrieren, ist der Weg für eine Heilung auf der seelischen Ebene offen. Meist resultiert daraus eine neue Einstellung zu sich und dem Leben.

Ob der Körper gesund wird oder nicht, liegt nicht in unserer Hand. Sind Abnutzungserscheinungen da, oder soll, aus welchen Gründen auch immer, mit der Krankheit in ihrem ganzen Verlauf gelebt werden, ist dies Bestimmung. Ich glaube, es geht darum, daß wir versuchen, unsere Situationen zu verstehen und schlußendlich anzunehmen.

Die Atmung steht für Kontakt. Das Atmen zwingt uns, unsere Umwelt in uns hineinzunehmen und in uns mit ihr auszutauschen. Themen wie Kontakt und Kommunikation, Hineinnehmen und Hergeben, Verbindlichkeit und Unabhängigkeit sind mit dem Atmen angesprochen.

Sind die Atmungsorgane entzündet oder gereizt, deutet das auf eine Reizung, einen Konflikt hin. Wird keine Lösung gefunden, lebt sich die Aggression auf der körperlichen Ebene aus.

Bei Problemen mit der Atmung kann ich mich folgendes fragen:

- Habe ich Mut und Vertrauen, das Leben mit seiner Energie und Kraft in mich hineinzunehmen?
- Will ich meine Gefühle wahrnehmen und sie ausdrükken?
- Bin ich bereit, lebendig zu sein oder werde ich von meinen Ängsten bestimmt?
- Habe ich das Bedürfnis, mit meinem Umfeld in Kontakt zu treten und im Austausch zu sein?

- Bin ich bereit, mich mit Problemen zu konfrontieren und in Klarheit zu kommunizieren?
- Kann ich den Fluß des Lebens, das Annehmen und Loslassen, akzeptieren?
- Lebe ich meinen persönlichen Lebensrhythmus oder bin ich fremdbestimmt?
- Gelingt es mir, Verantwortung zu tragen und gleichzeitig meinen persönlichen Bedürfnissen gerecht zu werden?

Die folgenden Deutungen können nicht direkt auf die Situation der Betroffenen übertragen werden. Sie wollen Ansatzpunkte für ein erweitertes Verständnis geben. Der Mensch mit seiner subtilen Seelenstruktur kann nicht im Sinne eines *Kochbuches* abgehandelt werden. Was zählt, ist Einfühlungsvermögen und gesunde Selbstkritik.

Allergie, Heuschnupfen

In Allergien steckt Abwehr und meist ins Körperliche verlagerte Aggressionen. Überempfindlichkeit und hohe Sensibilität wirken einschränkend. Vitalität und Lebendigkeit werden unterdrückt. Im Heuschnupfen und der Pollenallergie bekämpfen Anfällige unbewußt die Keime des Neuen. Ängste vor Trieben, vor der Sexualität oder nicht eingestandene Bedürfnisse leben sich im Niesen, in tränenden Augen, in einem dauernden Signalisieren von: *Komm mir nicht zu nahe!* aus.

Aufgabe: Das Leben mit seinen Anforderungen konkret in Angriff nehmen.

Asthma

Im Asthma kann Kontaktangst oder ein Ungleichgewicht im Geben und Nehmen liegen. In der Schleimproduktion der

Lunge stauen sich innerlich die Gefühle, die in Anfällen ausbrechen. Macht und Ohnmacht nehmen überhand.

Aufgabe: Ehrlich sein und die Gefühle leben. Mit dem Umfeld bewußt den Kontakt suchen und in Beziehung treten. Eigene Wünsche und Ansprüche artikulieren und sich den nötigen Freiraum schaffen.

Atemlähmung

Von der Lebensenergie abgeschnitten zu sein, kann uns in einer Lähmung der Lunge begegnen. Die Sehnsucht nach Einheit will die Polarität des Atmens und der Erde überwinden. Der Todestrieb verlagert sich auf die unbewußte Ebene.

Aufgabe: Sich mit dem Leben und dem Tod auseinandersetzen. Die geistige, jenseitige Welt ins Bewußtsein holen und integrieren.

Bronchitis, Katarrh, Husten, Atemnot

In der Bronchitis sind die Bronchien (Lungenäste) verschleimt. Der Austausch von Innen und Außen findet nicht mehr statt. Anstatt sich klar auszudrücken, macht ein lauter, zum Teil aggressiver Husten auf sich aufmerksam.

Aufgabe: Ehrlichkeit mit sich und anderen. Eine klare Kommunikation anstreben und konfliktfähig werden.

Erkältung

Erkältungskrankheiten sind meist mit einer verstopften Nase, Husten, Schmerzen und Fieber verbunden. *Die Nase voll haben* drückt das Wesentliche aus: Überforderung, Abwehr und das Gefühl von *genug haben*. Es besteht einzig das Bedürfnis, sich zu verkriechen. Das Außen läßt einen kalt, innerlich aber kocht man vor Hitze und Fieber.

Aufgabe: Sich vom Leben begeistern lassen. Klare Grenzen setzen und nötige Änderungen in Angriff nehmen. Sich nicht ständig überfordern.

Kindstod

Stirbt ein Baby oder ein Kleinkind ohne ersichtlichen Grund, ist Atemstillstand die körperliche Ursache. Was wirklich dahinter steht, kann nur erahnt werden. Ich glaube, daß sich diese Wesen entschlossen haben, wieder zu gehen. Vielleicht war ihr Auftrag, was immer er war, erfüllt. Babys identifizieren sich nicht mit dem Körper. Sie sehen sich als Teil des Ganzen und können leichter als Erwachsene den Körper wieder verlassen. Die Seele zieht sich zurück, der Körper atmet nicht mehr. Das Kleinkind bildet sein Ich erst in der Neinphase mit ca. $1^1/_2$ bis $2^1/_2$ Jahren. In dieser Zeit beginnt es sich abzugrenzen und entwickelt Autonomie. Gleichzeitig zu diesem Entwicklungsprozeß festigt sich die Verbindung der Seele mit dem Körper.

Aufgabe: Die Lernchance liegt bei den Eltern und dem Umfeld. Hilfreich ist, die persönliche Botschaft zu entschlüsseln, die für Mutter und Vater nicht dieselbe zu sein braucht. Es geht auf keinen Fall um Schuld, sondern um ein liebevolles und behutsames Erkennen.

Lungenkrankheiten

Etymologisch stammt das Wort Lunge von »die Leichte«. Damit wird das niedrige spezifische Gewicht ausgedrückt.

Verwandte Wörter sind *herumlungern* und *sich herumtreiben*. Lungenkrankheiten haben mit Kommunikation, Austausch, Beziehung (nicht nur Paarbeziehung), Freiheit und dem Lebensfluß innnerhalb der Polarität zu tun. Sie stehen für die Leichtigkeit des Lebens.

Je nach Krankheit, die die Lunge betrifft, differenzieren sich die Themen:

Lungenembolie (Verstopfung der Blugefäße): Stauung der Lebensenergie und akute Blockade des Austausches mit der Umwelt.

Lungenemphysem (Lungenblähung): Überbetonung des »Hereinholens«. Mangel an wirklichem Austausch. Angst, eigene Schwächen und Gefühle zu zeigen. Selbstüberforderung.

Lungenentzündung: Ungelöste Konflikte und unterdrückte Aggressionen. Angst, sich die notwendige Freiheit zu nehmen.

Lungenkrebs: Nicht gelebter Ausdruck, der sich als Fremdkörper im Gefühl bildet und wuchert. Die eigenen Bedürfnisse werden nicht bekundet, sondern verdrängt. Der Krebs übernimmt die Macht.

Lungenödem (Lungenstauung): Der Umwelt werden die wirklichen Gefühle verschwiegen. Das innere Überschwemmtsein erzeugt Gefühlsstau.

Mandelentzündung (Tonsillitis)

Meist sind Kinder davon betroffen. Sie haben eine innere Abwehr und können das, was von außen kommt, nicht mehr schlucken. Aggressionen werden unterdrückt.

Aufgabe: Lernen, zur eigenen Meinung zu stehen, früh genug nein zu sagen und klare Grenzen zu setzen.

Nebenhöhlenentzündung (Sinusitis)

Hängt zusammen mit Verschlossenheit und Verstocktsein. Alles wird zu schwer genommen. Sich dem Fluß des Lebens verschließen. Aggressive Abwehr gegen außen.

Aufgabe: Sich selbst fragen, was man wirklich möchte und die Bedürfnisse mitteilen. Konflikte ansprechen und lösen. Zur eigenen Vitalität stehen und sich am Leben freuen.

Polypen (Geschwülste der Schleinhaut)

Man verschließt sich vor der Außenwelt, kann sie nicht mehr *riechen.* Große Abwehr baut Grenzen und Schranken auf. Unterbundener Lebensstrom.

Aufgabe: Sich mit der Umwelt auseinandersetzen und konfliktfähig werden. Sich der Sonnenseite des Lebens zuwenden.

Tuberkulose (Lungenschwindsucht)

Ein sich Davonmachen. Kontakt und bewußte Kommunikation vermeiden. Flucht vor dem Leben.

Aufgabe: Herausforderungen mutig in Angriff nehmen. Höhen und Tiefen des Lebens als Teil des Entwicklungsprozesses annehmen.

IX

Die Gesundheit mit natürlichen Mitteln erhalten

Die Vorbeugung und Heilung

Gesund bleiben ist leichter als gesund werden.
Hermann Josef Weidinger

Kräuterpfarrer Josef Weidinger weiß, wovon er spricht, wenn er Vorsorge predigt:
Oft leuchten kleine Rotlichter auf, Warnsignale. Und werden übersehen. Bei Rotlicht ist es zu spät.

Die Atmungsorgane gehören zu den empfindlichsten Bereichen des Körpers. Aus diesem Grund ist es um so wichtiger, Schwachstellen möglichst früh zu erkennen und mit natürlichen Mitteln zu kräftigen. Medikamentöse Maßnahmen sollten nur bei wirklichem Bedarf eingesetzt werden, denn ihre Nebenwirkungen sind nicht zu unterschätzen. Die Problematik kann sich nämlich häufig auf eine andere Ebene verschieben und kommt dort intensiver zum Ausbruch. Beispielsweise kann eine über lange Zeit großflächig angewendete Antibiotikasalbe das Symptom auf die Lunge, in Form von Asthma oder Atemnot, verlagern.

In diesem Kapitel führe ich Ihnen eine Fülle von einfachen Rezepten der Naturapotheke auf, die Ihnen große Erleichterung und Heilung bringen können. Diese Methoden ersetzen jedoch nicht die ärztliche Behandlung. Sprechen Sie sich mit Ihrem Arzt ab und wenden Sie nötigenfalls verschiedene Möglichkeiten gleichzeitig an.

Lassen Sie sich bei Verunsicherung bezüglich einer Methode von kompetenten Fachleuten beraten.

Ich möchte Ihnen Mut machen, auch im Umgang mit den natürlichen Mitteln ein Stück Eigenverantwortung wahrzunehmen und den Weg der Vorbeugung zu gehen. Es wäre wertvoll, das kostbare Erbe unserer Großmütter und Vorfahren wiederzubeleben und uns auf die Wunder der Natur zurückzubesinnen.

Der Tee

Wenn Sie am Morgen aufstehen, ist der Körper sehr aufnahmefähig. Bildlich gesehen ist er wie ein trockener Schwamm, der das Wasser in jede Pore aufsaugt. Das erste, das Sie zu sich nehmen, ist für Ihr Wohlbefinden ausschlaggebend und gelangt direkt in den Organismus. Wasser oder Kräutertee sind das Beste, was Sie Ihrem Körper geben können. Wenn Sie nicht auf Kaffee verzichten können, so wäre es wichtig, wenigstens zuvor ein Glas Wasser zu trinken.

Tee enthält viele Vitamine und Mineralien, die den Stoffwechsel unterstützen. Darm und Harnwege werden gereinigt, die Darmflora wird angeregt und die Ausscheidung gefördert. Prüfen Sie, ob Sie das gewohnte Frühstück wirklich brauchen und wollen oder ob Sie sich mit einer Auswahl von Früchten nicht wohler fühlen würden. Falls Sie das Bedürfnis haben, schlage ich Ihnen vor, während zwei Wochen eine neue Variante auszuprobieren.

Bei der Zubereitung des Tees ist es wichtig, daß Sie nicht zu viele Kräuter verwenden und ihn nicht zu lange ziehen lassen. Bei den meisten Sorten sind 3 Minuten genug. Hier gilt: *Weniger ist mehr.* Einen Beutel auf eine Tasse empfinde ich als viel zu stark. Auch bei offenen Tees ist die Dosierung meist zu hoch angegeben. Achten Sie auch auf Abwechslung, damit Sie eine breite Wirksamkeit für den ganzen Organismus erreichen.

Bei Problemen der Atmungsorgane sind folgende Teesorten besonders geeignet:

Andorn-Tee (Marrubium vulgare)
Eigenschaften: unterstützt den Stoffwechsel, den Kreislauf und die Tätigkeit und Reinigung der Atmungsorgane
Anwendung: Verschleimung der Luftwege, zäher Bronchialkatarrh, Lungenblähung, Keuchhusten, Asthma

Schwarzer Johannisblätter-Tee (Ribis nigrum)
Eigenschaften: stärkt die Widerstandskraft
Anwendung: Keuchhusten, Asthma

Königkerzen-Tee (Verbascum thapsiforme)
Eigenschaften: auswurffördernd, blutreinigend, reizmildernd
Anwendung: Husten, Entzündungen, Bronchialkatarrh

Lavendel-Tee (Lavandula officinalis)
Eigenschaften: beruhigend, krampflösend, schmerzlindernd, entgiftend, nervenstärkend
Anwendung: Asthma, Bronchitis, Keuchhusten, Entzündungen

Pfefferminz-Tee (Mentha piperita)
Eigenschaften: antiseptisch, schleimlösend, entgiftend, schmerzlindernd
Anwendung: Asthma, Erkältung, Husten, Bronchitis

Vermeiden Sie Zuckerzugabe. Sollte Ihnen ein Tee nicht schmecken, süßen Sie ihn bei Bronchitis mit Waldhonig oder bei Infektionen mit Goldrutenhonig.

Die ätherischen Öle

Ätherische Öle sind vor allem bei Erkrankungen der Atmungsorgane sehr zu empfehlen. Sie haben stimulierende und heilende Wirkung auf den ganzen Organismus, im besonderen auf die Lunge, die Haut und das Nervensystem.

Wichtig ist, daß die Öle nicht zu hoch dosiert werden, da sie ansonsten überreizen und ätzen. Vor allem bei Kindern muß man sehr vorsichtig mit der Dosierung sein.

Achten Sie unbedingt darauf, daß die Öle natürlich und nicht synthetisch sind.

Anwenden können Sie sie in Duftlampen, im Vollbad, Dampfbad und in Körperölen.

Unverdünnt können die Öle auch tropfenweise auf Taschentücher oder Duftkissen gegeben und so eingeatmet werden. Diese Düfte in der Nacht auf dem Kopfkissen sind wohltuend und beruhigend.

Bergamotte (Citrus auranthium)

Eigenschaften: schmerzlindernd, antiseptisch, schleimlösend, stimmungsaufhellend

Anwendung: Infektionen der Atemwege, Tuberkulose, Angst, Depressionen, Mißtrauen

Eukalyptus (Eukalyptus globulus)

Eigenschaften: schleimlösend, stark antiseptisch, krampflösend

Anwendung: Erkältung, Schnupfen, Bronchitis, Asthma, Tuberkulose, Entzündungen, Engegefühle, Konzentrationsschwäche, Verbrennungen, (niedrig dosieren)

Römische Kamille (Anthemis nobilis)
Eigenschaften: krampflösend, entzündungshemmend, schmerzlindernd, entspannend, schleimlösend, wundheilend
Anwendung: Entzündungen, Halsschmerzen, Asthma, Wunden

Latschenkiefer (Pinus mugho fuffa)
Eigenschaften: antiseptisch, erfrischend
Anwendung: Infektionen der Atemwege, Erkältung, Atemnot, Engegefühle, Druck auf dem Brustkorb

Lavendel (Lavandula officinalis)
Eigenschaften: beruhigend, krampflösend, schmerzlindernd, entgiftend, nervenstärkend
Anwendung: Asthma, Bronchitis, Keuchhusten, Tuberkulose, Entzündungen, Depressionen, Schlafstörungen, Spannungen

Myrrhe (Commiphora molmol)
Eigenschaften: schleimlösend, lungenanregend, wundheilend, antiseptisch
Anwendung: Tuberkulose, Bronchitis, Erkältung, Husten Schnupfen, Anspannung, Streß

Pennyroyal (Mentha pulegium)
Eigenschaften: beruhigend, krampflösend, antiseptisch, schleimlösend
Anwendung: Husten, Keuchhusten, Asthma, Bronchitis, Erkältung, Konzentrationsschwäche, Juckreiz der Haut

Pfefferminze (Mentha piperita)
Eigenschaften: antiseptisch, schleimlösend, entgiftend, schmerzlindernd
Anwendung: Asthma, Tuberkulose, Erkältung, Husten, Bronchitis, Schlaflosigkeit, Erschöpfung, Depressionen, (wirkt in Bädern und Ölen kühlend: sehr niedrig dosieren)

Pinie (Pinus sylvestris)
Eigenschaften: antiseptisch, antibakteriell
Anwendung: Erkrankungen der Atemwege, Lungenprobleme, Anspannung, Erschöpfungszustände, Engegefühle

Rose (Rosa damascena)
Eigenschaften: antiseptisch, antidepressiv, beruhigend
Anwendung: Atemschwere, Angst, Schlafstörungen, Einsamkeitsgefühle, Verlustängste, für Kinder und ältere Menschen besonders geeignet

Sandelholz (Santalum album)
Eigenschaften: schleimlösend, antiseptisch, krampflösend
Anwendung: Bronchitis, Husten, Schnupfen, Entzündungen, Depressionen, Angst, Schwächegefühl, Überbelastung, Nervosität

Thymian (Thymus vulgaris)
Eigenschaften: antiseptisch, schleimlösend, krampflösend, nervenstärkend, wundheilend, anregend
Anwendung: Asthma, Tuberkulose, Bronchitis, Keuchhusten, Angina, Erkältung, Entzündungen, Erschöpfung, Schwächegefühle

Ylang-Ylang (Cananga odorata)

Eigenschaften: antiseptisch, beruhigend auf Herz und Lunge
Anwendung: Hyperventilation, Lungenblähung, Anspannung, Nervosität, Angst, Depressionen

Ysop (Hyssopus officinalis)

Eigenschaften: schleimlösend, kräftigend, lungen- und nervenstärkend, antiseptisch, krampflösend
Anwendung: Asthma, Tuberkulose, Atemnot, Keuchhusten, Grippe, Erkältung, Schnupfen, Bronchitis, Entzündungen, Konzentrationsschwäche, Überbelastung, (niedrig dosieren)

Zypresse (Cupressus sempervirens)

Eigenschaften: blutstillend, gefäßverengend, schmerzlindernd, krampflösend, beruhigend
Anwendung: Asthma, Keuchhusten, Krampfhusten, Bluthusten, Überaktivität, Nervosität, Schlafstörungen

Sie brauchen nicht alle Öle. Stellen Sie ein Sortiment zusammen und wählen Sie nach Ihrem Duftempfinden aus. Manchmal sind auch unangenehme Düfte sehr heilsam, da sie meist Schwachstellen ansprechen und wie schlecht schmeckende Medizin, am besten wirken. Sie können diese nach Belieben mit Ihren Lieblingsdüften mischen. Die Mischungen haben den Vorteil, daß sie nicht einseitig wirken. Durch verschiedene Öle bekommen Sie unterschiedliche Impulse. Da sich der Körper mit der Zeit an die Wirkung eines Mittels gewöhnt, ist es von Vorteil, abzuwechseln.

Die Duftlampe

Die Duftlampen stellen eine wunderbare Möglichkeit dar, um das ätherische Öl im Raum zu verbreiten. Sie brauchen dazu eine Duftlampe, in die Sie Wasser und je nach Raumgröße 4 bis 8 Tropfen verschiedener Öle nach Ihrer Wahl hineingeben.

Das Vollbad

Ölbäder besitzen eine große heilende Wirkung. Durch die Wärme des Wassers zieht das Öl schnell in die Haut ein und gelangt somit in den ganzen Organismus.

Lassen Sie die Badewanne mit Wasser einlaufen. Mischen Sie in einem Glas 1 bis 2 El Grundöl (Jojobaöl oder Mandelöl) und geben Sie 6 Tropfen ätherisches Öl dazu. Verrühren Sie das Ganze und geben Sie die Mischung erst hinzu, wenn das Badewasser vollständig eingelaufen ist und direkt, bevor Sie das Bad nehmen. Wenn Sie nun in die Wanne steigen, legt sich das Öl wie ein Film auf Ihre Haut. Achten Sie darauf, daß Ihr Brustkorb mit Wasser abgedeckt ist und atmen Sie tief und entspannt den wohltuenden Duft ein.

Das Körperöl

Körperöle können Sie zur Behandlung einzelner Organe oder als Ganzkörpermassage verwenden.

Bei Atemproblemen ist es besonders wirksam, vor dem Einschlafen den Brustkorb einzustreichen. Es entsteht eine doppelte Wirkung: einerseits über die Haut und andererseits über die Einatmung.

Die Mischung besteht aus 50 ml Grundöl (Jojobaöl oder Mandelöl) und aus ca. 20 Tropfen ätherischen Ölen. Schreiben Sie die gewählte Zusammensetzung auf und verändern Sie sie nach Ihrem Gefühl.

Das Dampfbad

Anwendung: Erkältung, Schnupfen, Bronchitis, Katarrh, Heiserkeit, Nasenhölenentzündung, Nebenhölenentzündung, eitrige Schleimhauterkrankungen

Nicht geeignet bei: grünem Star, grauem Star, entzündlichen Hauterkrankungen, Arterienverkalkung, starkem allgemeinem Schwächezustand

Eigenschaften: schleimlösend, entzündungshemmend, durchblutungsfördernd, krampflösend, stoffwechselanregend, schmerzstillend

Dauer: 8 bis 10 Min. (bei Bedarf bis 20 Min.)

Ausführung: Kochen Sie in einem großen Topf 3 bis 5 Liter Wasser. Stellen Sie einen Stuhl neben das Bett und legen Sie ein großes Laken und eine Wolldecke bereit. Stellen Sie den geschlossenen Topf auf den Stuhl und geben Sie ca. 3 El Kräuter (z.B. 2 El Kamille und 1 El Lavendel) oder je nach Sorten 6 bis 8 Tropfen ätherische Öle hinzu.

Entblößen Sie Ihren Oberkörper und beugen Sie sich nach vorne über den Topf. Legen Sie zuerst das Laken und dann die Wolldecke über den Kopf, so daß möglichst kein Dampf entweichen kann. Nun können Sie durch leichtes Heben des Topfdeckels die Dampfintensität selbst regeln. Atmen sie dabei durch die Nase und den Mund langsam und tief ein und aus.

Die Anwendungsdauer kann zwischen 8 und 20 Minuten betragen. Gehen Sie nach Ihrem Gefühl.

Machen Sie bei chronischen Krankheiten zum Abschluß eine kalte Abgießung des Gesichts.

Sehr wichtig ist dabei, daß Sie sich anschließend nicht an der frischen Luft oder in einem kalten Raum aufhalten. Die Poren brauchen Zeit, um sich wieder zu verschließen. Ruhen Sie sich nach dem Dampfbad mindestens 30 Minuten warm zugedeckt aus.

Achten Sie darauf, daß Sie den Körper, vor allem die Füße, während der ganzen Behandlung warm halten.

Sie können die Behandlung mehrmals täglich anwenden.

Der Brustwickel

Unser lieber Herrgott hat uns mit dem Körper auch die Pflicht auferlegt, für diesen zu sorgen.
Sebastian Kneipp

Pfarrer Sebastian Kneipp hat in seiner therapeutischen Arbeit die verschiedensten Arten von Wickel wiederentdeckt. Durch seine wertvolle Arbeit steht uns ein unvergleichlicher Nachlaß von verschiedenen Wassertherapien zur Verfügung.

Im folgenden stelle ich Ihnen den heißen und kalten Brustwickel zur Behandlung der Lunge vor.

Da es nicht leicht ist, den Wickel anzulegen, ist es von Vorteil, wenn Ihnen jemand dabei behilflich ist.

Beachten Sie, daß Sie vor oder nach dem Essen mindestens 30 Min. Zeitabstand haben und Sie in dieser Zeit nicht rauchen.

Sie benötigen: 1 Leinentuch zur Naßbehandlung (ca. 40 x 190 cm), 1 Baumwolltuch zum Schutz der Wolldecke (ca. 48 x 190 cm), 1 Wolltuch zur Wärmeisolierung (ca. 44 x 190 cm)

Heiße Brustwickel

Anwendung: chronische Bronchitis, Keuchhusten, Asthma
Nicht geeignet bei: Fieber, Entzündungen, Herzkrankheiten
Eigenschaften: bronchienentkrampfend, schleimlösend, krampflösend, auswurffördernd, entspannend
Dauer: solange der Wickel als warm empfunden wird (ca. 30 Min.)
Vorbereitung: Bereiten Sie den Liegeplatz vor, indem Sie die Wolldecke und das Baumwolltuch auf die richtige Höhe hinlegen.

Wenn Sie möchten, können Sie den Brustkorb mit ätherischem Körperöl (siehe oben) einreiben. Die Wirkung wird dadurch verstärkt.

Tauchen Sie dann das Leinentuch in möglichst warmes Wasser und wringen Sie es gut aus.
Ausführung: Wickeln Sie die Tücher bei mittlerer Atemstellung (nicht bei tiefstem Ein- und Ausatem) faltenlos und straff (es darf keine Luft zwischen Wickeltuch und Haut sein) in folgender Reihenfolge auf der Höhe von Achselhöhe bis Rippenbogen um die Brust:

Als erstes auf der Haut: das nasse Leintuch, als zweites das Baumwolltuch, als drittes das Wolltuch.

Die Arme müssen unbedingt unter einer warmen Decke sein. Ist der Körper nach Beendigung des Wickels nicht warm, so muß mit Wärmflaschen und heißem Tee nachgeholfen werden.

Die Ruhephase danach muß mindestens 30 Min. dauern.

Kalte Brustwickel

Anwendung: akute Bronchitis, Kartarrh, Entzündungen, Lungenentzündung, Luftröhrenentzündung, Lungenblähung, Infektionskrankheiten, Tuberkulose

Nicht geeignet bei: Frieren, Frösteln

Eigenschaften: entzündungshemmend, kurzzeitige Abkühlung bewirkt anschließend Wiedererwärmung und Mehrdurchblutung im Brustraum, Sekretverdünnung in den Bronchien, fiebersenkend, schmerzlindernd

Dauer: solange, bis gute Durchwärmung eingetreten ist (ca. 45 bis 75 Min.)

Vorbereitung: Beachten Sie, daß vor dem Anlegen des kalten Wickels der Brustkorb und die Füße warm sein müssen.

Tauchen Sie dann das Leinentuch in frisches, kaltes Wasser und wringen Sie es gut aus. Bei starkem Fieber (40 bis 41 °C) kann zur Vermeidung einer Schockwirkung die Temperatur des Wassers etwas höher sein.

Ausführung: Gehen Sie wie beim heißen Wickel vor (siehe oben).

Der Zwiebelwickel

Über den Zwiebelwickel kann ich ein Loblied singen: Durch meine vielen Vorträge, Seminare und Beratungen kam ich mit meinem Sprechvermögen immer wieder an eine konkrete Grenze. Dies zeigte sich darin, daß ich etwa alle sechs Monate Halsschmerzen bekam und mitverfolgen konnte, wie sich meine Stimme innerhalb von zwei Tagen bis zum völligen Ausbleiben verabschiedete. Während drei Tagen konnte ich mich mit meiner Umwelt nur noch flüsternd verständigen.

Als mich eine Freundin besuchte, war sie fest entschlossen, mir einen Zwiebelwickel zu verpassen. Ich ließ mich darauf ein und war von der Wirkung völlig überrascht. Seit damals wende ich alle paar Monate einen Zwiebelwickel an. Meine Stimme ist nie mehr weggeblieben.

Die Zwiebeln wirken stark entgiftend auf die Drüsen und enthalten ein natürliches Antibiotikum. Dadurch werden Hals, Kiefer und Ohren von innen gereinigt und in ihren Funktionen entlastet und gestärkt. Ich empfehle diese einfache und äußerst effektive Anwendung jedem, der in diesem Bereich eine Schwachstelle hat.

Sie benötigen: 3 große Zwiebeln (400 bis 500 Gramm), 1 durchlässiges, kochfestes Baumwolltuch (ca. 30 x 50 cm), 1 großes Badetuch zum Schutz, 1 Wolldecke zur Wärmeisolation
Anwendung: Probleme mit den Stimmbändern und der Drüsenfunktion, Halsschmerzen, Ohrenschmerzen, Verschleimung, (nicht bei Nieren- und Zuckerkrankheit)
Eigenschaften: entgiftend, blutreinigend, krampflösend, schleimlösend, abwehrstärkend, nervenstärkend
Dauer: bis die Zwiebeln abgekühlt sind, (30 bis 60 Min.)
Vorbereitung: Bereiten Sie das Bett vor, indem Sie das Badetuch einmal zusammenlegen und zum Schutz von Laken und Kissen auslegen. Richten Sie dann die Wolldecke und Bettdecke her, so daß Sie später nur noch das Ganze über sich schlagen müssen.

Nun schälen Sie die Zwiebeln und schneiden sie in halbierte Ringe. Nehmen Sie eine Bratpfanne und machen Sie sie ohne Zugabe von Fett oder Öl heiß, bis sie weich sind (nicht anbraten oder dünsten).

Dann geben Sie die heißen Zwiebeln in einem Strang quer auf eine Seite des Baumwolltuchs und lassen Sie sie ein wenig auskühlen, so daß Sie sich beim Auflegen den Hals nicht verbrennen.

Machen Sie nun eine Rolle, indem Sie die Querseite des Tuches einrollen. Dabei ist es wichtig, daß der Saft der Zwiebeln das Tuch durchdringen kann. Je nach Dicke des Tuches sollen auf der einen Seite der Rolle nur eine oder zwei Lagen des Stoffes sein.

Ausführung: Legen Sie sich hin und geben Sie die Rolle mit der durchlässigeren Seite auf den Hals und seitlich hoch bis zu den Ohren. Wichtig ist, daß die Drüsen unterhalb der Ohren abgedeckt sind und der Saft der Zwiebeln auch wirklich direkt auf die Haut gelangen kann. Kontrollieren Sie dies und drücken Sie, wenn nötig, ab und zu auf den Wickel, damit der Saft herausfließen kann.

Legen Sie nun die Wolldecke zur Wärmeisolierung darüber und decken Sie sich zu.

Bleiben Sie liegen, bis die Zwiebeln abgekühlt sind. Sollten Sie einschlafen, besteht kein Problem, auch wenn der Wickel die ganze Nacht liegen bleibt.

Ich empfehle, den Wickel abends zu machen, und sich erst am nächsten Tag zu waschen.

Machen Sie diesen Wickel innerhalb einer Woche dreimal und anschließend alle paar Monate zur Vorbeugung.

Die Urintherapie

Was in der heutigen Zeit als neue Errungenschaft oder Modewelle publik wird, ist oft so alt wie die Menschheit selbst. So auch die Urintherapie.

Der berühmte Arzt Hippokrates verwendete Urin zur Diagnose und für die Therapie bereits im 4. Jh. v. Chr. Auch Paracelsus (1493-1541) empfahl in seinen Schriften die Anwendung des Urins.

Die Urintherapie wirkt ähnlich wie eine Impfung. Dem Körper werden in geringer Dosierung die eigenen Krankheitsstoffe zugeführt. Dadurch bildet er Abwehrstoffe und stärkt das Immunsystem. Besonders eindrücklich sind die Heilerfolge bei Haut- und Atemproblemen aller Art.

Zur Anwendung dieser Therapie empfehle ich Ihnen das Buch *Die Heilkraft der Eigenharn-Therapie* von Ingeborg Allmann. Die Autorin selbst hat mit Hilfe der Urintherapie ihr schweres Asthma geheilt.

Vitamine und Mineralien

Für die Erhaltung oder Wiedererlangung der Gesundheit ist eine ausreichende Zufuhr von Vitaminen und Mineralien unerläßlich. Nur ein einziger Mangel wirkt sich auf den ganzen Körper und die Psyche aus. Jegliche Krankheit steht mit einem oder mehreren Mängeln in Verbindung.

Leider ist durch die übliche Nahrungsaufnahme eine ausreichende Zufuhr dieser wichtigen Stoffe kaum gewährleistet. Die Modernisierung der Nahrungsmittelproduktion, die lange Einlagerung und die Art und Weise des Kochens töten einen großen Teil der Vitamine und Mineralstoffe. Was wir schlußendlich zu uns nehmen, reicht nicht aus, um den Körper wirklich zu versorgen.

Außerdem gibt es viele zerstörende Faktoren wie Nikotin, Alkohol, Koffein, Zucker, Weißmehl, Fett, Konservierungsmittel, Hormone, Medikamente und Streß.

Schon eine kleine Menge Aspirin kann die Ausscheidung von Vitamin C verdreifachen.

Die Zutaten in Mitteln gegen Erkältung und Schmerzen verringern das Vitamin A im Blut. Um die Schleimhäute in Nase, Rachen und Lunge zu schützen und zu stärken, brauchen wir Vitamin A. Bei einem Mangel vermehren sich die Bakterien, wodurch der Krankheitsverlauf verlängert wird.

Ich empfehle jedem Menschen mindestens zweimal im Jahr eine Vitamin- und Mineralienkur, um die Bedürfnisse des Körpers abzudecken. Ihr Leben wird sich positiv verändern! Das Buch *Die Vitamin Bibel* von Earl Mindell gibt Ihnen die nötigen Informationen. Ein Buch, das seinem Namen gerecht wird und in jedem Haushalt vorhanden sein sollte.

Die Edelsteine

Die Kraft der Edelsteine, Energie zu speichern und Bewußtsein zu verändern, ist seit jeher bekannt. Schon im alten Ägypten wurden ihre Kräfte für Rituale und zur Unterstützung der Menschen eingesetzt.

Die Steine wirken über ihre Zusammensetzung und Farbe auf das Energiefeld und somit auf den Körper. Sie helfen Stauungen zu lösen und den Energiefluß auszugleichen. Je nach Form der Steine können sie unterschiedlich eingesetzt werden.

Kurze Kette

Für Probleme im Halsbereich empfehle ich, die Steine als kurze Kette (40 bis 45 cm) zu tragen. Die Steine können so optimal an der wichtigsten Stelle wirken.

Lange Kette

Möchten Sie die Lunge behandeln, so erreichen Sie die größte Wirkung, indem Sie lange Ketten (60 bis 80 cm) tragen. Der ganze Brustkorb wird somit großflächig bestrahlt.

Anhänger

Anhänger wirken punktuell und sind, wenn sie zum Beispiel an einem Lederband auf der richtige Stelle getragen werden, sehr wirksam.

Steine

Trommelsteine (behandelte, runde, glatte Steine) oder Natursteine können in der Hand oder in der Hosentasche getragen werden.

Sie sind auch geeignet, um sie sich vor dem Einschlafen aufzulegen oder einfach im Bett liegen zu lassen. So kann die Schwingung des Steines in der Nacht, wenn der Energiekörper des Menschen besonders offen ist, leicht aufgenommen werden.

Eine andere Möglichkeit ist, die Steine über Nacht in Wasser zu legen und am Morgen dieses Wasser zu trinken. Diese Methode empfehle ich vor allem, wenn sich jemand reinigen und entgiften möchte. Durch das Trinken des Edelsteinwassers wird der ganze Organismus von innen erreicht.

Das Reinigen der Steine

Die Steine laden sich durch das Tragen mit Energien auf. Diese, zum Teil schädlichen Schwingungen werden an den Menschen abgegeben, wenn man die Steine nicht täglich reinigt.

Folgende Techniken können Sie zum Reinigen anwenden:

Mit Wasser: Halten Sie den Stein unter fließendes Wasser und stellen Sie sich vor, daß alle negativen Energien abgespült werden, so daß er in seiner ursprünglichen Schwingung strahlt.

Mit der Hand: Streichen Sie mit der Hand über den Stein und stellen Sie sich vor, daß Sie alle negativen Energien wegstreichen, so daß er in seiner ursprünglichen Schwingung strahlt. Diese Technik empfehle ich vor allem bei Ketten, da die Fäden durch ständiges Waschen schnell reißen.

Für Probleme im Bereich der Atmungsorgane empfehle ich Ihnen folgende Steinsorten:

Amethyst

Eigenschaften: schleimlösend, aufweichend, krampflösend, hilft zu verändern und loszulassen

Anwendung: Asthma, Keuchhusten, Krampfhusten, Tuberkulose, Bronchitis, Krebs, Geschwüre, Schmerzen durch Anspannungen, Engegefühl, Sturheit, Ängste (auch unbewußte) vor den Veränderungen des Lebens

Aquamarin

Eigenschaften: kühlend, beruhigend, wasserlösend

Anwendung: Entzündungen, Keuchhusten, Allergie, Juckreiz, Überaktivität, Drüsenprobleme

Bergkristall

Eigenschaften: wundheilend, klärend, reinigend, stabilisierend, festigend

Anwendung: Erkältung, Schwächung des Immunsystems, alle Wunden und Verletzungen, Überforderung, zu viel Veränderung, Unsicherheit, Konzentrationsschwäche

Bernstein und Zitrin

Eigenschaften: reinigend, entgiftend, stoffwechselanregend, aufhellend

Anwendung: Engegefühl, Schwermütigkeit, Überbelastung

Chalzedon, blauer Achat

Eigenschaften: kühlend, beruhigend, schleimlösend
Anwendung: Entzündungen, Fieber, Hals- und Ohrenprobleme, Ausdrucksschwierigkeiten

Haematit (Blutstein)

Eigenschaften: blutbildend, aktivierend, stabilisierend
Anwendung: Blutarmut, Sauerstoffmangel, Schwächegefühl, Übermüdung

Lapislazuli

Eigenschaften: beruhigend, zentrierend
Anwendung: Keuchhusten, Schlafstörungen

Malachit

Eigenschaften: schleimlösend, klärend
Anwendung: Asthma, Husten, Engegefühl, Kurzatmigkeit, unverarbeitete Trauer

Peridott

Eigenschaften: entgiftend, reinigend, schleimlösend, antiseptisch
Anwendung: Immunschwäche, Keuchhusten

Rosenquarz

Eigenschaften: beruhigend, stärkend, stabilisierend
Anwendung: Asthma, Schlafstörungen, zu viel Veränderung, Überforderung, Unsicherheit, Mangel an Selbstvertrauen

Rauchquarz
Eigenschaften: reinigend, aktivierend, antiseptisch, durchblutungsfördernd
Anwendung: Immunschwäche, Atemnot, Müdigkeit, Identi-
fikationsschwäche

Thurmalin
Eigenschaften: nervenstärkend, stabilisierend, beruhigend
Anwendung: Bronchitis, Asthma, Überaktivität, Nerven-
schwäche, Nervenreizungen

Die Bachblüten

(Für ihre Mitarbeit an diesem Kapitel danke ich der Bach-
blütenspezialistin Beatrix Dold, Hohenems, Österreich)

*Unsere einzige Aufgabe besteht nun darin, die in unserem
Geist angelegten Formen auf unserem Erdenweg in eine lebendige
Gestalt zu verwandeln. ... Sofern wir nun von Anfang bis Ende
unseren eigenen Idealen und unserem
tiefsten Verlangen nach besten Kräften treu bleiben, so
können wir nicht fehlgehen, vielmehr wird sich unser Leben unter
solchen Umständen als grandioser Erfolg erweisen –
als gesundes und glückhaftes Gelingen.*
Edward Bach

Die Bachblüten-Therapie wurde vom englischen Arzt und
Homöopathen Dr. Edward Bach entdeckt und nach ihm be-
nannt. Bereits 1930 erkannte er die Wichtigkeit, bei Krankheiten typische Stimmungszustände und Persönlichkeits-
merkmale des Menschen zu behandeln.

Die Bachblüten-Therapie gibt die Möglichkeit, Seele und Geist wieder in Einklang zu bringen, damit sich der Körper heilen kann. Die *höheren Energien* der Bachblüten ermöglichen, unsere feinstoffliche Ebene auf einfache und gleichzeitig grandiose Art zu erreichen. Äußert der Körper Schmerzen, geht unweigerlich eine Disharmonie der Seele voraus. Die Bachblüten stellen das seelische Gleichgewicht her, stabilisieren die Gesundheit unseres Körpers und unterstützen die Heilung von Krankheiten. Sie haben keinerlei Nebenwirkung und sind einfach anzuwenden.

Im Bereich der Atmung ist ein seelisch gestörtes Gleichgewicht früh erkennbar. Die Bachblüten-Therapie vermag hier unterstützend und sanft zu helfen.

Die Herstellung der Bachblüten-Mischung

Die Menge der Verdünnung bezieht sich auf ein 30 ml Fläschchen. Verwenden Sie für die Bachblüten-Mischung wenn möglich Bergkristallwasser. Dafür legen Sie einen gereinigten Bergkristall in ein Glas Wasser und lassen es ca. eine Stunde lang stehen.

Füllen Sie ein ausgekochtes 30 ml Fläschchen mit einer Pipette zu ca. zwei Dritteln mit Wasser und einem Drittel mit hochprozentigem Alkohol. Lassen Sie bei Kindern und Alkoholikern den Alkohol weg.

Prüfen sie zuerst, ob die Pipette im Flaschenhals Platz hat, damit keine Flüssigkeit verloren geht. Geben Sie nun mindestens 7 Tropfen aus der Stockbottle (Grundessenz) der ausgewählten Bachblüte in die Einnahmeflasche.

Falls Sie mehrere Blüten kombinieren, geben Sie von jeder Grundessenz drei Tropfen in die Flasche.

Verschließen Sie die Einnahmeflasche und schütteln Sie die Bachblüten-Mischung, indem Sie mit der Hand eine Achterbewegung durchführen.

Die Einnahme

Geben Sie täglich viermal ca. 7 Tropfen direkt unter die Zunge. Dort befindet sich energetisch ein offenes Fenster, das die Schwingung am schnellsten in die tiefen Schichten des Menschen weiterleitet. Lassen Sie die Essenz, ohne sie zu schlucken, einen Moment unter der Zunge liegen. Achten Sie darauf, daß Ihr Körper nicht durch eine Mahlzeit gesättigt ist. Am idealsten ist die Einnahme vor dem Essen oder zwei Stunden danach. Außerdem ist der Körper gleich nach dem Aufstehen sehr offen. Nehmen Sie die Essenz vor dem Einschlafen, wirkt sie auf der Reise durch die Nacht. Durch die regelmäßige Einnahme erfolgt ein kontinuierlicher Informationsfluß.

Um Störungen der Atmungsorgane in ihren seelischen Wurzeln zu lösen, sind die folgenden Bachblüten geeignet.

Die Kombinationen bilden Ergänzungen, um den Heilungsprozeß von mehreren Seiten zu unterstützen. Die einzelnen Bachblüten können jedoch auch alleine oder nach Wahl in Kombination mit anderen eingenommen werden.

Agrimoney
(Agrimonia Eupatoria/Odermennig)

seelisch: hilft, den eigenen Weg zu erkennen, sich mit sich selbst auseinanderzusetzen, hilft, zu klären und die innere Ruhe zu finden

körperlich: Druck auf dem Brustkorb, Husten, Schlafstörungen

Kombination: Agrimoney, Mimulus, Cerato

Aspen
(Populus Tremula/Espe oder Zitterpappel)

seelisch: hilft, innere Ruhe zu erlangen, Ängste ins Bewußtsein zu heben und den Umgang damit zu lernen

körperlich: oberflächliches Atmen, zu geringe Sauerstoffzufuhr, Schlafstörungen bei Kindern
Kombination: Aspen, Mimulus, Cerato

Chicory
(Cichorium Intybus/Wegwarte)
seelisch: hilft, bedingungslose Liebe zu spüren und Klarheit in zwischenmenschlichen Beziehungen zu schaffen, besonders in der Tochter-Mutter-Beziehung
körperlich: krampfhafter Husten, Asthma, Enge im Brustkorb, bei Anstrengung keuchende Atmung, Allergien, Schlafstörungen
Kombination: 1. Phase: Chicory, Red Chestnut, Honeysuckle, 2. Phase: Chicory, Centaury, Larch, Holly

Heather
(Calluna Vulgaris/Schottisches Heidekraut)
seelisch: hilft, Liebe und Anerkennung für sich und andere zu empfinden, ohne dafür eine Leistung vollbringen zu müssen, hilft, mit Verlassenheitsängsten umzugehen
körperlich: Asthma, Keuchhusten, Pseudokrupp, chronische Atemwegsinfektionen
Kombination: Heather, Gentian, Larch, Star of Bethlehem, Walnut

Impatiens
(Impatiens Glandulifera/Drüsentragendes Springkraut)
seelisch: hilft, Situationen in Ruhe und Ausgewogenheit anzugehen, stärkt Ausdauer und Geduld, Überempfindlichkeit

körperlich: Fieber, Entzündungen, Allergien, plötzlich auf-
tretende, kurze, krampfartige Hustenanfälle, die den ganzen
Körper schwächen
Kombination: Impatiens, Wild Oat, Holly

Rock Rose
(Helianthemun Nummularium/
Gelbes Sonnenröschen)

seelisch: hilft bei Ängsten (auch Panikgefühlen und Platz-
angst), hilft, eine schwierige Geburt zu verarbeiten, z.B. Nabelschnur um den Hals, Sauerstoffmangel, Brutkastenkind
körperlich: Asthma, zu starkes Einatmen, stockender Atemvorgang mit langen Pausen zwischen ausatmen und einatmen, Schreckhaftigkeit, Choleriker
Kombination: Rock Rose, Star of Bethlehem

Star of Bethlehem
(Ornithogalum Umbellatum/
Doldiger Milchstern)

seelisch: hilft, Schocks zu verarbeiten und in früheren Erlebnissen eine positive Erfahrung für das zukünftige Leben zu erkennen, hilft, Kummer und Enttäuschung loszulassen
körperlich: Alpträume, innere Unruhe und Getriebenheit,
das Gefühl, daß der Körper offen und schutzlos ist
Kombination: keine

Bachblüten für Neugeborene und Kinder

Kinder sind für die Anwendung von Bachblüten besonders
empfänglich. Sie leben noch stark in der geistigen und energetischen Welt und sind sehr offen.

Oft spiegeln Kinder bis ins 8. Lebensjahr seelische Zustände ihrer Bezugspersonen. Beispielsweise können sie Krankheitsbilder durchleben, die mit ihrem nächsten Umfeld zu tun haben. Deshalb sollte gegebenenfalls gleichzeitig mit dem Kind auch seine Bezugsperson (Mutter, Vater oder andere Bezugsperson) behandelt werden.

Lassen Sie die Kinder selbst entscheiden, ob sie die Blütenmischungen einnehmen wollen oder nicht. Weigert sich das Kind, tut die Bezugsperson gut daran, trotzdem ihre Mischung einzunehmen.

Die Bachblüten Rock Rose und Star of Bethlehem helfen einem Neugeborenen, die Polarität dieser Erde auszugleichen. Die Mutter kann vor dem Stillen die Blütenmischung auf die Brustwarze tröpfeln oder sie dem Baby direkt auf die Lippen geben. Die Mischung sollte ohne Alkohol zubereitet sein und kühl gelagert werden.

Sie können bei Babys die Bachblüten auch als Badewasserzusatz verwenden, indem Sie etwa zwei Pipetten der Einnahmeflasche dem Badewasser beigeben.

Erwartet ein Kind zwischen Schulalter bis Pubertät ständig Anweisungen von außen, hat es zu enge Bande zur Mutter oder der Bezugsperson. Die starke Bindung kann nicht gelöst werden.

Besonders in der Nacht kann auf der körperlichen Ebene plötzliches Fieber, begleitet von starken Hustenanfällen, auftreten. Bereitet das Atmen Mühe oder besteht eine teilweise chronische Bronchitis, sind dies ebenfalls Anzeichen einer zu starken Bindung.

Hat die Mutter, der Vater und/oder die Bezugsperson Mühe, dem Kind Selbstverantwortung zu geben, helfen folgende Mischungen:

Kind: Centaury, Cerato, Holly

Mutter/Bezugsperson: Chicory, Cherry Plum, Heather

Hat das Kind Mühe, Selbstverantwortung zu übernehmen, wenden Sie folgende Mischungen an:
Kind: Heather, Larch, Gentian
Mutter/Bezugsperson: 1. Phase: Vine, Holly, Larch, 2. Phase: Star of Bethlehem, Larch

Die Homöopathie

(Für ihre Mitarbeit an diesem Kapitel danke ich der Naturärztin Edith du Toit-Heeb, London)

Die Homöopathie ist eine ganzheitliche Therapie, welche das Wesen eines Menschen zu erfassen sucht und Krankheit als Symptom eines inneren Ungleichgewichts betrachtet. Jeder Mensch weist eine andere Symptomlage und Persönlichkeitsstruktur auf.

Im Unterschied zu den physikalischen und chemischen Reizen der Allopathie (Schulmedizin) werden in der Homöopathie energetische Reize gesetzt, individuell gezielte Reize, die die Selbstheilungskräfte des Organismus aktivieren.

Entdeckt wurde die Homöopathie von Christian Friedrich Samuel Hahnemann (1755 – 1843). Er war Arzt und erkannte, daß Substanzen bei gesunden Personen bestimmte Krankheits-Symptome hervorriefen. Dieselben Substanzen heilten eine an entsprechenden Symptomen erkrankte Person. Eine neue Heilmethode war entdeckt, bekannt als *Similia Similibus curentur* oder »Ähnliches wird mit Ähnlichem geheilt«.

Oft berichteten homöopathisch behandelte Patienten, daß ihre Symptome, bevor sie heilten, sich verschlimmerten. Hahnemann suchte nach einer Lösung. Er begann,

217

die rohe Substanz zu verdünnen. Dadurch ließ die Erst-verschlimmerung nach, und die Mittel wirkten schneller.

In der Homöopathie werden einzelne Substanzen durch spezielle Verdünnungs- und Verschüttelungsvorgänge potenziert. Potenzierung heißt Kraftentfaltung.

Interessanterweise ist die Wirkung des einzelnen Mittels um so stärker, je höher die Verdünnung ist.

In der Behandlung wird jeweils nur ein Mittel verschrieben, wobei die geistig-emotionalen Symptome ausschlaggebend sind.

Grundsätzlich gilt, daß die Einnahme erst wiederholt werden darf, wenn die Wirkung der letzten Gabe abgeklungen ist.

Stark riechende und schmeckende Substanzen wie z.B. Kaffee oder Pfefferminze reduzieren oder verhindern die Wirkung eines homöopathischen Mittels. Deshalb muß während der Behandlung darauf verzichtet werden.

Anmerkung: Homöopathische Mittel sind frei von Giftstoffen und Nebenwirkungen. Sie eignen sich für jung und alt. Einfachere Beschwerden können mit Niedrigpotenzen selbst behandelt werden. Andauernde oder sich verschlimmernde Beschwerden gehören in die Hände eines erfahrenen Homöopathen, was auch für den Einsatz von Hochpotenzen, d.h. ab C30, gilt.

Asthma

Symptome: Attacke kommt zwischen 24 und 2 Uhr morgens, Person ist sehr ängstlich, ruhelos, fröstelnd und durstig, Auswurf ist spärlich und schaumig, stechender Schmerz im oberen Drittel der rechten Lunge

Besserung: Aufrecht sitzend, warme Getränke

Verschlimmerung: feuchtes Wetter, nach Mitternacht, Kälte, kalte Getränke oder kalte Nahrung
Mittel: Arsenicum album (Ars.), C6 alle 15 Min. bis zu 10 mal

Symptome: ständige Übelkeit und evtl. Erbrechen, Atemnot, dauernde Einschnürungen in der Brust, Person hustet unaufhörlich und heftig, Brust ist voller Schleim, der aber nicht abgehustet werden kann
Besserung: keine spezifischen Faktoren
Verschlimmerung: periodisch, durch Kalbfleisch, feuchter und warmer Wind, beim Hinlegen
Mittel: Ipecacuanha (Ip.), C6 alle 15 Min. bis zu 10 mal

Symptome: Asthma zwischen 2 und 4 Uhr morgens besonders schlimm, Person steht auf und kniet sich mit vorgebeugtem Oberkörper hin, bleich, müde, fröstelnd, ganze Brust ist sehr empfindlich, Kälte der Brust, pfeifendes Geräusch
Besserung: warmes Wetter, tagsüber, bei Bewegung
Verschlimmerung: kaltes Wetter, zwischen 2 und 4 Uhr morgens, Liegen auf der schmerzhaften Seite
Mittel: Kalium carbonicum (Kali-C.), C6 alle 15 Min. bis zu 10 mal

Symptome: Attacke kommt plötzlich, Angst, Atemnot bei der geringsten Bewegung, heiserer, trockener Husten, Kurzatmigkeit
Besserung: im Freien
Verschlimmerung: im warmen Raum, nachts, Liegen auf der befallenen Seite, kalter, trockener Wind
Mittel: Aconitum napellus (Acon.), C30 alle 15 Min. bis zu 10 mal

Symptome: Gefühl des Erstickens beim Hinlegen, Person sitzt vornübergeneigt, hat das Gefühl, tief einatmen zu müs-

sen, Asthma ist morgens beim Aufwachen besonders schlimm
Besserung: Auftreten von Absonderungen, warme Anwendungen
Verschlimmerung: Druck oder Einschnürung, heiße Getränke morgens beim Aufwachen
Mittel: Lachesis muta (Lach.), C6 alle 15 Min. bis zu 10 mal

Symptome: trockener, heiserer, erstickender Husten, schlimmer bei Kälte oder bei kalten Speisen, ängstliches, rasselndes, feuchtes Atmen
Besserung: feuchte Luft, Einpacken des Kopfes, Wärme, nach dem Essen
Verschlimmerung: trockene, kalte Luft, Berührung, Liegen auf der schmerzhaften Seite
Mittel: Hepar sulphuris calcareum (Hep.), C6 alle 15 Min. bis zu 10 mal

Bronchitis

Symptome: trockener Staccato-Husten, Kopfschmerzen, Brustschmerzen, wird bei Aufstützen der Ellbogen auf eine Stuhllehne besser, großer Durst, schwere, rasche Atmung durch Stiche in der Brust, jede Bewegung verschlimmert den Zustand
Besserung: Liegen auf der schmerzhaften Seite, Druck, Ruhe, kalte Sachen
Verschlimmerung: Wärme, Bewegung, morgens, Essen, heißes Wetter, Anstrengung
Mittel: Bryonia alba (Bry.), C30 alle 2 Std. bis zu 2 Tagen

Symptome: harter, trockener, kitzelnder Husten, Person ist bleich, ängstlich, sucht Zuspruch, möchte regelmäßig eiskaltes Wasser, Engegefühl um die Brust herum, Hitze in der

Brust, Atmung ist beschleunigt und beklemmt, Körper zittert beim Husten

Besserung: in der Dunkelheit, Liegen rechts, Kälte, Nahrung, im Freien, waschen mit kaltem Wasser, Schlaf

Verschlimmerung: Berührung, warme Nahrung und Getränke, Wetterwechsel, abends, Liegen auf der linken Seite

Mittel: Phosphorus (Phos.), C6 alle 2 Std. bis zu 2 Tagen

Symptome: Bronchitis kommt plötzlich, trockener Staccato-Husten, Fieber, Symptome schlimmer bei kalter, trockener Luft, Person fröstelt, ist ruhelos, ängstlich

Besserung: im Freien

Verschlimmerung: warmer Raum, nachts, Liegen auf der befallenen Seite, kalter Wind

Mittel: Aconitum napellus (Acon.), C30 alle 2 Std. bis zu 2 Tagen

Symptome: plötzlich hohes Fieber, Kopfschmerzen, rotes Gesicht, Symptome nachts schlimmer, kitzelnder, kurzer, trockener Husten, Kehlkopf schmerzhaft, hohe pfeifende Stimme, Stöhnen bei jedem Atemzug

Besserung: halb aufrecht

Verschlimmerung: Berührung, Stoß, Geräusch, Zugluft, nachts

Mittel: Belladonna (Bell.), C30 alle 2 Std. bis zu 2 Tagen

Symptome: trockener Husten abends und nachts, Person muß sich im Bett zur Erleichterung aufrichten, lockerer Husten morgens, Druck auf der Brust und starke Schmerzen, kein Durst

Besserung: im Freien, Bewegung, kalte Anwendungen, kalte Nahrung und Getränke, wenngleich ohne Durst

Verschlimmerung: Hitze, nach dem Essen, gegen Abend, warmes Zimmer

Mittel: Pulsatilla pratensis (Puls.), C6 alle 2 Std. bis zu 2 Tagen

Erkältung

Symptome: Erkältung kommt langsam, Mund fühlt sich heiß an, Hals ist innerlich rot und geschwollen, evtl. leichtes Fieber, evtl. Nasenbluten
Besserung: bei kalten Kompressen auf die Stirn
Verschlimmerung: nachts und von 4-6 Uhr morgens, bei Berührung, auf der rechten Seite liegend
Mittel: Ferrum phosphoricum (Ferr-P.), C6 alle 2 Std. bis zu 4 mal

Symptome: benommen machende Erkältung, Schnupfen: fließend am Tag, verstopfte Nase in der Nacht, wäßrige Augen, Niesen, Kopfschmerzen oft mit Schwindel verbunden, Halsschmerzen
Besserung: Wärme, Schlaf, abends, bei starkem Druck
Verschlimmerung: bei kaltem, trockenem, windigen Wetter, morgens, geistige Anstrengung, nach dem Essen, Stimulanzien
Mittel: Nux vomica (Nux-V.), C6 alle 2 Std. bis zu 4 mal

Symptome: heftiger Fließschnupfen, Absonderung aus der Nase dünn und wäßrig wie rohes Eiweiß, Geruchs- und Geschmacksverlust, Wunsch, alleingelassen zu werden, Trösten verschlimmert
Besserung: frische Luft, Fasten, Anwendung von kalten Kompressen auf Nasennebenhöhlen
Verschlimmerung: ca. 10 Uhr morgens, Lärm, Musik, Wärme, Hinlegen
Mittel: Natrium muriaticum (Nat-M.), C6 alle 2 Std. bis zu 4 mal

Symptome: Erkältung mit dicker, gelb-grüner Absonderung, kein Durst, Geruchsverlust, Kopfschmerzen über den Augen, Nase läuft tagsüber und ist nachts verstopft
Besserung: frische Luft, kalte Getränke, kalte Kompressen, Weinen, Trost
Verschlimmerung: Sonne, Hitze, fette Nahrung, abends und nachts, warmes Zimmer
Mittel: Pulsatilla pratensis (Puls.), C6 alle 2 Std. bis zu 4 mal

Halsschmerzen

Symptome: akut, sehr schmerzhaft, Angst, trockene, heiße Haut, großer Durst, geschwollene Tonsillen, Hals ist innen rot und fühlt sich rauh, brennend und eingeschnürt an
Besserung: frische Luft
Verschlimmerung: warmer Raum, Tabakrauch, Musik, abends und nachts
Mittel: Aconitum napellus (Acon.), C30 alle 2 Std. bis zu 10 mal

Symptome: akute Halsschmerzen mit dickem Schleim und heiserer Stimme, evtl. Herpes auf den Lippen, Durst nach kalten Getränken, evtl. rheumatische Beschwerden oder Ohrenschmerzen
Besserung: Bewegung, Wärme
Verschlimmerung: nachts, in Ruhe, feuchtes und kaltes Wetter
Mittel: Dulcamara (Dulc.), C6 alle 2 Std. bis zu 10 mal

Symptome: schlechter Geschmack im Mund, Schlucken schmerzt und Trinken ist schwierig, Körper ist wegen Fieber heiß und kalt, Schmerz vom Rachen zum Ohr, Ermüdungsgefühl, Schwindel, Benommenheit, schwerer Kopf, Druck um den Kopf herum

Besserung: frische Luft, Bewegung, lokale Wärme, Bücken, Stimulanzien

Verschlimmerung: frühmorgens und spätabends, Sonne, Nebel, feuchtes Wetter, vor Gewitter, schlechte Neuigkeiten

Mittel: Gelsemium (Gels.), C6 alle 2 Std. bis zu 10 mal

Symptome: Hals sieht innen rot aus und ist stark geschwollen, brennende stechende Schmerzen, Person ist depressiv und irritiert

Besserung: frische Luft, kalte Kompressen auf den Hals, Kleider lockern

Verschlimmerung: Schlaf, Berührung, Hitze, Druck, am späten Nachmittag

Mittel: Apis mellifica (Apis), C30 alle 2 Std. bis zu 10 mal

Heufschnupfen oder allergische Rhinitis

Symptome: reichlich wäßrige und ätzende Absonderung aus der Nase, Stirnkopfschmerzen, brennende und lichtempfindliche Augen

Besserung: im Freien und im kalten Zimmer

Verschlimmerung: abends und im warmen Zimmer

Mittel: Allium cepa (All-C.), C6 so oft wie nötig bis 10 mal

Symptome: wiederholtes Niesen, dünne, wäßrige, reizende, ätzende Absonderung aus der vorderen und hinteren Nasenhöhle, chronischer Nasenkatarrh

Besserung: keine spezifischen Faktoren

Verschlimmerung: beim Niesen, Wärme

Mittel: Arsenicum iodatum (Ars.I.), C6 so oft wie nötig bis 10 mal

Symptome: Bindehautenzündung mit Katarrh, der Blick ist verschwommen, die Augen sind geschwollen und lichtempfindlich, starker Fließschnupfen
Besserung: Kaffee, in der Dunkelheit
Verschlimmerung: Wärme, abends, im Hause
Mittel: Euphrasia (Euphr.), C6 so oft wie nötig bis 10 mal

Symptome: Halsschmerzen links beginnend, Kloßgefühl im Rachen mit dauerndem Schluckzwang, Nasenkatarrh, Augenlider rot, brennend, Tränenfluß, konzentriertes Denken bewirkt Kopfschmerzen
Besserung: warme Nahrung und Getränke, warmes Einpacken
Verschlimmerung: Kälte und kalte Getränke
Mittel: Sabadilla (Sabad.), C6 so oft wie nötig bis 10 mal

Husten
Symptome: trockener Husten, der plötzlich eintritt, Husten tönt hohl, großer Durst, plötzlicher Temperaturanstieg, große Angst, auf Rauch sehr empfindlich
Besserung: frische Luft
Verschlimmerung: warmer Raum, nachts, Tabakrauch, Musik
Mittel: Aconitum napellus (Acon.), C30 alle 4 Std. bis zu 10 mal

Symptome: Brustschmerzen beim Husten, große Kopfschmerzen, starker Durst, ganzer Körper ist wie ausgetrocknet, evtl. Fieber
Besserung: Druck, Ruhe, kalte Sachen
Verschlimmerung: Bewegung, Lärm, bei Berührung, morgens, Wärme, Essen
Mittel: Bryonia alba (Bry.), C30 alle 4 Std. bis zu 10 mal

Symptome: Husten mit dickem grünem Schleim, schlechter Geschmack im Mund, wenig Appetit, weiß belegte Zunge, evtl. grüne Absonderung von der Nase, kaum Durst
Besserung: frische Luft
Verschlimmerung: abends, warmes Zimmer
Mittel: Pulsatilla pratensis (Puls.), C30 alle 4 Std. bis zu 10 mal

Katarrh

Symptome: Rachenhöhle ist bedeckt mit anhaftendem, dicklichem, weißem Schleim
Besserung: kalte Getränke, Massage
Verschlimmerung: reichhaltige Nahrung, Bewegung
Mittel: Kalium muriaticum (Kali-M), C6 4mal tägl. bis zu 14 Tagen

Symptome: heftiger Fließschnupfen, Sekret sieht wie rohes Eiweiß aus, Geruchs- und Geschmacksverlust
Besserung: im Freien, sehr wenig Nahrung, enge Kleidung
Verschlimmerung: Geräusche, Wärme, Hinlegen
Mittel: Natrium muriaticum (Nat.M.), C6 4 mal tägl. bis zu 14 Tagen

Symptome: dickes, hartnäckiges Sekret von der Nase zum Rachen, wäßrige, ätzende Ausscheidung aus der Nase
Besserung: keine spezifischen Faktoren
Verschlimmerung: keine spezifischen Faktoren
Mittel: Hydrastis canadensis (Hydr.), C6 4 mal tägl. bis zu 14 Tagen

Symptome: schmerzhaftes Naseputzen, Geruchsempfindung abnorm stark, Person kann den Geruch von Blumen nicht ertragen, Schuppen und Risse in den Nasenlöchern

Besserung: im Dunkeln, beim sich Einhüllen
Verschlimmerung: Wärme, nachts, bei und nach Menstruation
Mittel: Graphites (Graph.) C6 4 mal tägl. bis zu 14 Tagen

Kehlkopfentzündung (Laryngitis)

Symptome: Laryngitis mit hohem Fieber, Heiserkeit, Stimmverlust, Ruhelosigkeit, Angst, evtl. begleitet von Krupp bei Kindern
Besserung: frische Luft
Verschlimmerung: warmer Raum, Tabakrauch, Musik, abends und nachts
Mittel: Aconitum napellus (Acon.), C30 4 mal tägl. bis zu 7 Tagen

Symptome: Laryngitis mit trockenem Reizhusten, Reden schmerzt, Heiserkeit bis zu totalem Stimmverlust, Durst nach eiskalten Getränken, welche erbrochen werden, sobald sie im Magen warm werden, starker Wunsch nach Gesellschaft und Mitgefühl
Besserung: Schlaf, Massage, frische Luft, Getränke
Verschlimmerung: Reden und Lachen, warme Nahrung und Getränke, Liegen auf der linken oder schmerzhaften Seite, abends
Mittel: Phosphorus (Phos.), C6 4 mal tägl. bis zu 7 Tagen

Symptome: trockene, rauhe Kehle mit starkem Husten, rauhes Gefühl in der Brust, Person ist stark mitfühlend, Stimmverlust auch ohne Schmerzen
Besserung: warmes, feuchtes Wetter, Trinken von kaltem Wasser
Verschlimmerung: Süßigkeiten, Kaffee
Mittel: Causticum (Caust.), C6 4 mal tägl. bis zu 7 Tagen

Symptome: Stimmverlust wie von zu vielem Singen oder Reden/Schreien, Kitzeln in der Kehle, Stimme ist schwach und zittrig, Heiserkeit
Besserung: frische Luft
Verschlimmerung: bei Berührung, um Mitternacht
Mittel: Argentum nictricum (Arg-N.), C6 4 mal tägl. bis zu 6 Tagen

Mandelentzündung (Tonsillitis)

Symptome: Tonsillitis mit brennendem Schmerz, der in den Kopf schießt, Rachen schmerzt stark, rechte Tonsille ist meistens stärker betroffen, Nacken ist schmerzhaft und steif, rotes Gesicht, erweiterte Pupillen, Zunge erdbeerrot
Besserung: stehend, aufrecht sitzend, Wärme
Verschlimmerung: geringste Bewegung, Licht, Geräusche, Berührung, nachts
Mittel: Belladonna (Bell.), C30 alle 2 Std. bis zu 10 mal

Symptome: Tonsillitis mit Splittergefühl im Rachen, bis zum Ohr strahlende Stiche im Rachen, Mundgeruch, evtl. Heiserkeit, Lymphdrüsen im Nacken sind geschwollen, Hochräuspern von Schleim, empfindlich
Besserung: Essen, Wärme, Nacken warm einpacken
Verschlimmerung: Kälte, Durchzug, Berührung, Liegen auf der schmerzhaften Seite
Mittel: Hepar sulphuris calcareum (Hep.), C6 alle 2 Std. bis zu 10 mal

Symptome: Tonsillitis mit Mundgeruch, Rachen ist dunkelrot, schmerzhaft und geschwollen, Speichel brennt beim Schlucken, Zunge ist geschwollen, gelber Belag mit Zahneindrücken, schmerzhafter Schluckdrang
Besserung: Ruhe, warm gekleidet

Verschlimmerung: extreme Temperaturen, nach Schwitzen, nachts, auf der rechten Seite liegend
Mittel: Mercurius (Merc.), C6 alle 2 Std. bis zu 10 mal

Nebenhöhlenentzündung (Sinusitis)

Symptome: dicke, fadengleiche, grünlich-gelbe Ausscheidung, zähe, elastische Schleimklumpen aus der Nase, Entzündung dehnt sich auf die Stirnhöhle aus, Geruchsverlust, Schnupfen mit Verstopfung der Nase, heftiges Niesen
Besserung: Wärme
Verschlimmerung: Bier, morgens, heißes Wetter, beim Ausziehen
Mittel: Kalium bichromicum (Kali-Bi.), C6 alle 2 Std. bis zu 2 Tagen

Symptome: Schmerzen über den Augen oder in der rechten Wange mit Nervenschmerzen auf der rechten Seite des Gesichts, gelber Schleim, verstopfte Nase, Person weint rasch, hat Tendenz zu Selbstmitleid
Besserung: Mitgefühl, frische Luft, kalte Getränke
Verschlimmerung: Hitze, nach dem Essen, gegen Abend, Wärme
Mittel: Pulsatilla pratensis (Puls.), C6 alle 2 Std. bis zu 2 Tagen

Symptome: Schmerzen in den Gesichtsknochen besonders bei Berührung, gelbe Absonderung mit Niesen
Besserung: Wärme, Einpacken des Kopfes
Verschlimmerung: kalte Luft, Berührung
Mittel: Hepar sulphuris calcareum (Hep.), C6 alle 2 Std. bis zu 2 Tagen

X

Die Lebensfreude

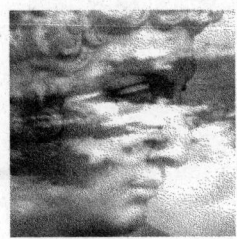

Der Tag, an dem der Mensch zu lachen vergißt,
der Tag an dem der Mensch vergißt, spielerisch zu sein,
der Tag, an dem der Mensch zu tanzen vergißt, ist der Tag,
an dem er aufhört, Mensch zu sein. ... Spielerei macht ihn leicht.
Liebe macht ihn leicht. Lachen gibt ihm Flügel.
Wenn er vor Freude tanzt, kann er die fernsten Sterne berühren,
kann er die tiefsten Geheimnisse des Lebens erfahren.
Dies sind die vier L's:
Leben, Liebe, Lachen – Licht.
Und sie passieren genau in der Reihenfolge.
Osho

Das Leben ist eine große Herausforderung. Immer wieder werden wir mit Aufgaben konfrontiert. Bewältigen wir sie, durchlaufen wir einen Reifungsprozeß. Machen wir uns nicht zu viele Sorgen und erschweren uns dadurch das Leben? Vergegenwärtigen Sie sich die Sorgen und Ängste von gestern, von letzter Woche, von vergangenem Jahr.

Fragen Sie sich:

- Wie realitätsbezogen waren meine Ängste und Sorgen?
- Habe ich mir zu wenig oder zu viele Sorgen gemacht?
- Wenn ja, was wäre das richtige Maß an Sorgen gewesen?
- Konnte ich die Situation durch mein Verhalten verbessern?
- Was würde ich aus heutiger Sicht anders machen?

Allzu oft vergessen wir, uns des Lebens zu erfreuen und einfach zu sein. Sind wir zurückhaltend, angepaßt und verängstigt, verlieren wir einen großen Teil unserer Spontaneität und Lebensfreude. Haben wir verlernt zu lachen und lebendig zu sein, werden wir traurig und unsere Herzen dunkel und schwer.

Im Laufe einer Atemtherapie gibt es Sitzungen, in denen die Menschen plötzlich schallend zu lachen beginnen. Ihre Lebensfreude saß in einer Blockade fest und befreite sich durch das Atmen. Die unterdrückte Lebensenergie löste sich und sie lachten tief aus dem Bauch heraus. Oft wurde mir anschließend von den betreffenden Menschen erzählt, sie hätten zum ersten Mal herzhaft gelacht.

Es ist wohltuend, über sich selbst zu lachen und sich und die Situation, in der man steckt, einmal nicht allzu wichtig zu nehmen. Sich von außen zu betrachten und sich in seinen Gedanken, Gefühlen und Handlungen zuzuschauen, kann hilfreich sein. Nichts und niemand ist perfekt. In der wertfreien Selbstreflektion fällt es uns leichter, mit eigenen Schwächen umzugehen. Wir bekommen zu den jeweiligen Problemen mehr Abstand und entwickeln einen gesunden Humor.

Befreites Lachen ist auf jeder Ebene die beste Medizin. Der Körper wird von innen durchschüttelt und massiert, so daß der Bauch vor Lachen weh tut. Das Herauslachen, die Atmung und das Schütteln des Körpers bringen Spannungen ins Fließen. Durch diese Auflockerung entsteht ein Befreiungsprozeß von innen. Im freien Lachen vertieft sich die Atmung von selbst. Die Kontrolle der Gedanken fällt weg. Das Herz öffnet und reinigt sich von schweren Gefühlen. Es entsteht ein Glücksgefühl, ein Losgelöstsein und eine Zufriedenheit.

Im Genießen der kleinen Dinge liegt die Kraft. Sei ein Glück noch so klein – indem wir es tief in uns einatmen, berührt es unsere Seele. Öffnen wir unseren Blick und unser Herz für die Schönheit und Liebe! Sich zu freuen, ist ein wunderschönes und wertvolles Geschenk: jenes Lebenselexier, das uns mit dem Hauch des Lebens verbindet.

Anhang

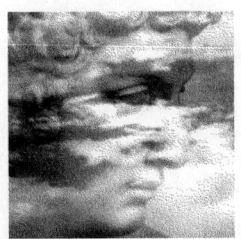

Quellen- und Literaturverzeichnis

Aïvanhov, Omraam Mikhaël: *Die Atmung,* Fréjus 1995

Allmann, Ingeborg: *Die Heilkraft der Eigenharn-Therapie,* Königstein 1994

Anand, Margo: *Tantra-Weg der Ekstase,* Paris 1981

Buzzi, Gerhard: *Indianische Heilgeheimnisse,* Bergisch Gladbach 1997

Buzzi, Gerhard: *Spontan geheilt,* Bergisch Gladbach 1998

Dahlke, Rüdiger: *Krankheit als Sprache der Seele,* München 1992

Dahlke, Rüdiger: *Krankheit als Symbol,* München 1996

Dahlke, Rüdiger: *Lebenskrisen als Entwicklungschancen,* München 1995

Dahlke, Rüdiger u. Margit: *Die Psychologie des blauen Dunstes,* München 1989

Dethlefsen, Thorwald, Dahlke, Rüdiger: *Krankheit als Weg,* München 1983

Fried, Erich: *Als ich mich nach dir verzehrte,* Berlin 1990

Gibran, Khalil: *Der Prophet,* Zürich 1973, Original USA 1926

Grof, Stanislav: *Das Abenteuer der Selbstentdeckung,* München 1987

Grof, Stanislav: *Kosmos und Psyche,* Frankfurt am Main 1997

Hartmann, Otto J.: *Erde und Kosmos,* Frankfurt am Main 1950
Heilkräuter, Geschenke Gottes für Deine Gesundheit, Karlstein 1979

Hesse, Hermann: *Siddhartha,* Montagnola 1953

Heyer, Gustav Richard: *Der Organismus der Seele,* München 1951
Vom Kraftfeld der Seele, Stuttgart, 1949

Hilble, Johann/Mokinski, Ute: *Der Mensch und die Sterne,* Ravensburg 1996

Jung, Carl Gustav: *Erinnerungen, Träume, Gedanken,* Zürich 1962

Jung, Carl Gustav: *Der Mensch und seine Symbole,* Düsseldorf 1968

Jung, Carl Gustav: *Gesammelte Werke,* Sonderausgabe, Düsseldorf 1995

Keller, Erich: *Das Handbuch der ätherischen Öle,* München 1989

Keller, Erich: *Duft und Gemüt,* Münsingen 1991

Keller-Hoerschelmann, A., *Mein Atmungssystem,* Zürich 1911

Kluge, Heidelore: *Urin – Heilquelle des Menschen,* München 1995

Kübler-Ross, Elisabeth: *Über den Tod oder das Leben danach,* Melsbach 1989

Kübler-Ross, Elisabeth: *Verstehen, was Sterbende sagen wollen,* Stuttgart 1982

Lagerlöf, Selma: *Die schönsten Legenden,* München 1978

Lagerlöf, Selma: *Ein Weihnachtsgast,* München 1986

McLean, Penny: *Schutzgeister,* München 1993

McLean, Penny: *Das unsichtbare Dritte,* Bergisch Gladbach 1997

McLean, Penny: *Der Schattenspringer,* München 1997

Mindell ,Earl: *Die Vitamin Bibel,* München 1985

Onken, Julia: *Feuerzeichenfrau,* München 1993

Osho: *Meditation – Die erste und letzte Freiheit,* Zürich 1991

Osho: *Leben, Lieben, Lachen,* Zürich 1996

Pless, S./St. Clair, B.: *Feuer der Sinnlichkeit,* Vaduz 1988

Pryse, James Morgan: *Reinkarnation im Neuen Testament,* Interlaken 1984

Rath, Matthias: *Nie wieder Herzinfarkt,* München 1996

Risch, Gerhard: *Homöopathie ist (k)eine Kunst,* München 1994

Seattle, Häuptling: *Wir sind ein Teil der Erde,* Zürich 1982

Szondi, Leopold: *Schicksalsanalyse,* Basel 1965

Szondi, Leopold: *Freiheit und Zwang im Schicksal des Einzelnen,* Bern 1968

Tatar, Maria: *Von Blaubärten und Rotkäppchen,* Salzburg 1990

Ulsar, Detlev von: *Sein und Deutung,* Stuttgart 1987

Weidinger, Hermann Josef: *Sprich mit Deiner Haut,* Karlstein 1986

Weltzicen, Diane von: *Die Welt der Rituale,* München 1994

Werding, Sitha: *Gemüse-Apotheke,* München 1995

Information

Für Informationen über Einzelsitzungen, Seminare und Aus-
bildungen oder sonstige Anfragen können Sie sich an folgende Adressen wenden:

Symbolon AG
Fallsgass 261
FL-9492 Eschen
Fürstentum Liechtenstein
E-Mail: kranz.symbolon@pingnet.ch

Christine Kranz
Haldenstraße 61
CH-8708 Männedorf/ZH
Schweiz

Christina Cerny
Die Regenbogenschlange
Vom spirituellen Reichtum
der australischen Ureinwohner

Australien ist ein Land, in dem der *Traum,* die
»Große Geschichte« der Ureinwohner, immer
noch lebendig ist – ablesbar von jenen, die ihre ge-
heime Sprache kennen. Das mächtigste Schöp-fer-
wesen der stets gegenwärtigen Traumzeit ist die Regenbogenschlange. Ihren Spuren folgend, reisen
wir in die Welt der Aborigines, ihrer Geschichten,
Symbole und Urbilder, die an unseren eigenen Ursprung – unser geistiges Eins-Sein mit Erde und
Kosmos – erinnern. Es ist eine Reise, die auch in
die Tiefe unserer Seele führt. Die Regenbogenschlange stellt ein komplexes kosmologisches Gebäude dar, in dem die großen geistigen Prinzi-pien
verborgen liegen. Sie warten nur darauf, in Bewegung gesetzt zu werden, damit das gesamte Universum ein einziges klangvolles Lied wird, das die
Farben des Regenbogens in sich trägt.

ISBN 3-404-70138-0

Der Werteverfall in unserer Gesellschaft rückt uralte Fragen brisant in den Vordergrund: Hat mein Leben überhaupt einen Sinn? Gibt es jenseits der sichtbaren Realität Alternativen, um mein jetziges Dasein zu optimieren? Otto Dutschk kennt die Antworten, weil er Brücken schlägt von der materiellen Welt zum elementaren Seelischen und den persönlichen, unbewußten Seiten des Menschen. Er enthüllt die verblüffende Möglichkeit, die Energien der Seele – ähnlich der Lichtschwingung des Lasers – zu konzentrieren, um das Leben leichter und sicherer zu lenken. So erfährt man mehr über seine eigene, wahre Identität und kann sie bewußt auskosten. Angenehme Zufälle und Fügungen treten ein, so daß sich die Freude und die Lust am Leben erhöhen. Glück und Zufriedenheit werden in neuen Perspektiven intensiv und lebendig empfunden – nicht nur vom eigenen Ich.

ISBN 3-404-70130-5